FRIEDA
LAMBERTI

Liebe ist ...
... wie Radfahren

cbx

1. Auflage 2016

Frankfurter Ring 150
80807 München
info@cbx-verlag.de

Lektorat: Anita Stichler
Umschlaggestaltung: Frieda Lamberti
Umschlagabbildung: iStock / Sigal, Suhler, Moran
Layout und Satz: Nina Knollhuber
Druck und Bindung: CPI books GmbH, Leck
Printed in Germany
ISBN 978-3-946390-10-7

Inhaltsverzeichnis

Ella - Ach du dickes Ding

Nach vierzehn Jahren, drei Monaten und elf Tagen wurde unser alter fahrbarer Untersatz, den Roman und ich uns zur Hochzeit angeschafft haben, urplötzlich und ohne Vorankündigung bei einem Kilometerstand von 285.000 und mit einigen Roststellen am rechten Kotflügel gegen einen Neuwagen eingetauscht. Mein Mann stieg von Volkswagen auf Audi um und bei der Gelegenheit wurde ich gleich mit aussortiert. Ich wich einem neueren Modell mit Namen Ivonne, die seitdem meinen Platz einnimmt. Eine fünfundzwanzigjährige Haarstylistin mit einem IQ eines Plattwurms und auffällig langen Armen. So lang, dass sie sich im Stehen die Kniekehlen kratzen kann, ohne sich dabei bücken zu müssen.

Obwohl mein Körper gute zwölf Jahre älter ist als der der Schimpansen-Frau, zeigt meiner keine optischen Auffälligkeiten. Mal abgesehen von den Schwangerschaftsstreifen am Bauch. Aber wer bekommt die außer mir schon zu sehen? Das war eben der Preis für meine beiden wunderbaren

Kinder. Laura und Finn sind elf und sechs Jahre alt. Sie leben bei mir und sehen ihren Vater zweimal im Monat an den Wochenenden. Heute packe ich ihre Koffer, denn es geht mit Roman und seiner Affen-Tussi für zwei Wochen in die Ferien. Es ist schon der zweite Sommerurlaub, den die Kinder ohne mich mit ihrem Vater verbringen. Im letzten August habe ich mir vierzehn Tage lang die Augen aus dem Kopf geheult. So sehr habe ich sie vermisst und meinem verhassten Ex den harmonischen Familienurlaub missgönnt. In diesem Jahr sieht es anders aus. Ich freue mich geradezu auf zwei Wochen sturmfreie Bude. Denn ein neuer Mann ist in mein Leben getreten. Mats Breyer, Pharmareferent, drei Jahre älter als ich, geschieden, kinderlos, aber kinderlieb, und optisch betrachtet eher der Typ Fernsehen als Radio, was übersetzt heißt, er sieht richtig gut aus. Darüber hinaus ist er nett, aufmerksam und wir teilen unsere Vorliebe fürs Kino. Wir waren schon einige Male zusammen aus. Nach jeder Vorführung haben wir noch einen Drink genommen und er hat mich mit seinem Wagen nach Hause gefahren. Vor meiner Haustür gab es bisher nur einen flüchtigen Kuss zum Abschied. Mehr ist noch nicht passiert. Noch nicht, denn wir wollten es langsam angehen lassen. Bevor ich meinen Kindern einen neuen Mann an meiner Seite präsentiere, will ich mir ganz sicher sein, dass er der Richtige ist. Ob er das ist, soll sich in den nächsten zwei Wochen herausstellen. Während meine Kinder in Dänemark sind, werden wir zu Hause in Hamburg Zeit miteinander verbringen. Eine gute Gelegenheit, sich richtig kennenzulernen. Nicht, dass ich auf der Suche nach einem neuen Partner war. Wann und wo sollte ich auch? Als zweifache Mutter verbringe ich die Abende zu Hause, kümmere mich um den Haushalt, die Wäsche, um Einkäufe und Hausaufgaben, denn tagsüber arbeite ich in Teilzeit am Empfang eines Architekturbüros.

Roman ist spät dran und mal wieder gestresst. Er trägt das Gepäck unserer Kinder zu seinem A3 und legt es in den Kofferraum. Forsch fordert er Finn und Laura auf, sich endlich von mir zu lösen. Ich versichere meiner Tochter, dass ich wirklich nicht traurig bin, sondern mich sehr für sie freue.

»Habt ganz viel Spaß und ich wünsche euch nur Sonnenschein.« Aber noch mehr wünsche ich mir, dass sie sich endlich verdrücken, denn ich weiß, dass Mats im Anmarsch ist und ich will unbedingt noch duschen, bevor er kommt. Ob ich mit dem

Mercedes-Fahrer jetzt fest gehe, will meine Erstgeborene von mir wissen.

»In meinem Alter geht man nicht, sondern man wird gefahren«, lache ich und gebe ihr den hundertsten Kuss. Roman staunt Bauklötze, als er eine S-Klasse die Auffahrt hochkommen sieht. Mein Ex-Mann mustert erst den Fahrer, dann fällt sein ungläubiger Blick wieder auf den Luxuswagen. Mats ist schon da und so muss ich die beiden wohl oder übel einander vorstellen.

»Viel Spaß im Urlaub«, rufe ich ihnen hinterher und winke, bis sie außer Sichtweite sind.

»Endlich«, sage ich erleichtert, als ich die Haustür hinter uns schließe. Mit der Frage nach seinem Getränkewunsch gehe ich zum Kühlschrank. Lieber würde ich den Weg dorthin tanzen, denn ich bin in absoluter Hochstimmung. Heute wird es hoffentlich passieren. Unzählige Male habe ich mir schon vorgestellt, wie es mit ihm sein wird. Mein Liebesleben besteht seit mehr als zwei Jahren nur noch aus Fantasien. Praktische Erfahrungen gab es nach meiner Scheidung keine mehr. Aber ich muntere mich auf. Es ist doch eigentlich wie Fahrradfahren, das verlernt man schließlich auch nicht. In meinen Vorstellungen hatte ich schon Sex mit den tollsten Typen. Berühmte Filmschauspieler, Sänger und Sportler waren meine imaginären Spielgefährten. Damit soll nun endlich Schluss sein. Genug geträumt. Heute werde ich mich einem Mann aus Fleisch und Blut hingeben. Wild, hungrig und ungestüm soll es werden. Seit gestern bereite ich mich auf dieses Ereignis vor. Ich habe meine Beine enthaart, mir ein Ganzkörperpeeling gegönnt, meine Haut mit einem Selbstbräuner getönt und mir sündhaft teure Dessous aus hellblauer Spitze und weißer Seide gekauft, die allerdings noch im Schrank liegen und genauso ungeduldig wie ich auf ihren Einsatz warten.

Wir trinken eisgekühlten Wein auf dem Sofa. Gekonnt streife ich meine Schuhe ab und strecke meine nackten Beine aus. Mats mustert meine Waden und fragt, ob ich auf der Sonnenbank war. Ich verneine und drehe mich aufreizend zur Seite. Jetzt wäre doch eine gute Gelegenheit anzugreifen, denke ich. Doch anstatt meine babyweiche Haut zu streicheln, hält er mir einen langen Vortrag über die Gefahren von UV-Strahlen.

»Soll ich uns etwas Musik auflegen?«, frage ich in der Hoffnung, ihn so in Stimmung zu bringen. Aber er möchte lieber ohne musikalische Untermalung weiter über Hautkrebs sprechen. Ohne mich. Dieses Thema trägt nicht gerade zu meiner Luststeigerung bei.

»Ich werde jetzt eine kurze Dusche nehmen«, sage ich und lasse ihn mit seinen Weisheiten über malignes Melanom allein.

Kurz darauf klopft es, und die Badezimmertür öffnet sich vorsichtig. Mats meint, das Telefon würde läuten und fragt, ob er für mich rangehen soll. Ich höre nichts. Aber ich weiß, dass er mich durch die klare Glaswand sehen kann. Offensichtlich genießt er den Anblick, denn er macht keine Anstalten, den Raum wieder zu verlassen. Im Gegenteil. Er beobachtet mich und steht wenig später mit seiner ganzen Pracht vor mir.

»Dreh dich um. Ich werde dir den Rücken waschen.«

Ich widerspreche nicht, denn das Gefühl, das er mir bereitet, ist einfach unbeschreiblich. Seine Hände umhüllen meinen ganzen Körper mit weichem Schaum und wie es scheint, macht es auch ihn gewaltig an. Ja, gewaltig ist der passende Ausdruck für das, was mir gerade widerfährt.

Am liebsten möchte ich den Rest des Abends im Badezimmer verbringen, aber es klingelt an der

Tür. Schnell werfe ich mir meinen Morgenmantel über und öffne. Es ist mein Ex, der mir einen wütenden Blick zuwirft und sich wortlos an mir vorbeischlängelt.

»Ich habe angerufen! Warum gehst du nicht ans Telefon?«

»Ja, komm ruhig rein«, sage ich, als er bereits mitten im Wohnzimmer steht und fassungslos den nackten Mats anstarrt.

»Tut mir leid, ich wollte nicht stören. Ella, du hast vergessen, den Kindern die Ausweise mitzugeben.«

Ich ziehe die Brauen hoch und gehe von Roman gefolgt ins Kinderzimmer. Auf dem Schreibtisch meines Filius liegen beide Reisepässe. Dreimal habe ich meinem Sohn gesagt, er soll sie in seinen Rucksack legen.

»Kann sich der Kerl nicht was überziehen?«

»Neidisch? Stimmt, er fährt nicht nur einen größeren Wagen als du, er ist auch unten herum … ach, was sage ich denn? Du hast es ja selbst gesehen. Hier sind die Ausweise.«

»Woher kennst du diesen Burschen überhaupt? Ist das etwa so eine Internet-Bekanntschaft?«

Was soll die blöde Fragerei? Was geht es ihn an? Und überhaupt, was soll denn das mit dem Internet bedeuten? Traut er mir etwa nicht zu, einen Mann auf ganz normale Weise kennenzulernen? So war es nämlich. Wir trafen uns auf der Geburtstagsparty meiner Schwester und waren uns gleich sympathisch. Stundenlang haben wir uns über Filme unterhalten. Eine Woche später gingen wir das erste Mal zusammen aus.

»Genau, Roman, Mats ist eine Internet-Bekanntschaft. Ich habe ihn auf dem Portal Dicke-Dinger.com aufgerissen. Nach der langen Zeit mit dir wollte ich mir mal was Gutes gönnen. Und nun mach, dass du nach Hause kommst. Du wirst doch nicht ernsthaft zulassen, dass deine Affenbraut noch länger als nötig allein auf meine Kinder aufpasst.«

Nun hat der Abend seine absolute Krönung erfahren. Immer noch von diesem unvergleichlichen Liebesakt beseelt und höchst amüsiert über das dumme Gesicht meines Ex-Mannes gehe ich zurück ins Wohnzimmer. Mats hat sich zwischenzeitlich wieder angezogen. Er fragt, was mich so freudig strahlen lässt.

»Ich habe Urlaub. Wenn das kein Grund zur Freude ist!«

»Wir beide haben Urlaub! Und ich finde, wir sollten die Zeit nutzen. Also Ella, keine falsche

Zurückhaltung. Wir müssen uns schonungslos sagen, wenn uns etwas nicht gefällt. Nur so finden wir heraus, ob wir beide zusammenpassen. Abgemacht?«

»Abgemacht.«

Ella - Der frühe Vogel fängt den Wurm

Ich weiß nicht, ob es eine gute Idee war, ihm zu gestatten, über Nacht zu bleiben. Ich bin einfach nicht mehr daran gewöhnt, mein Bett zu teilen. Er macht sich viel zu breit und nimmt mir nicht nur ständig die Decke weg, sondern auch den Platz, den ich brauche, um meine gewohnte Schlafposition einzunehmen. Stundenlang wälze ich mich von links nach rechts. Jedes Mal, wenn ich kurz vorm Einschlafen bin, gibt er Geräusche von sich. Es ist kein richtiges Schnarchen, eher ein überlautes Auspusten, das von einem hohen Pfeifton begleitet wird. Nein, ich kann jetzt unmöglich ins Wohnzimmer aufs Sofa umziehen, geschweige denn, ihn wecken und ihn auffordern leise zu sein. Ob er vielleicht Asthma hat? Ich betrachte seine zerzausten Haare und habe den Wunsch, ihm mit den Fingern die Haarsträhnen aus dem Gesicht zu streichen. Es wird schon fast hell draußen, als meine Augen vor Müdigkeit endlich zufallen.
In meiner schönsten Tiefschlafphase werde ich

geweckt. Mats Handy klingelt und ich werfe ihm einen bösen Blick zu. Er greift nach dem Telefon und stellt es sofort aus.

»Wer war das? Wer ruft dich so früh morgens an?«

»Das war kein Anruf. Das war mein Wecker.«

»Bitte? Warum denn das? Es ist Sonntag!«

»Es ist halb sieben. Ich stehe immer um diese Zeit auf.«

»Wir haben Urlaub!«

»Eben drum. Du willst doch nicht etwa die kostbare Ferienzeit verschlafen? Komm, lass uns frühstücken. Soll ich uns Tee kochen?«

»Tee? Du weckst mich mitten in der Nacht und willst Tee trinken?«

»Du bist Kaffeetrinkerin, oder? Du weißt hoffentlich, dass zu viel Kaffee deiner Gesundheit schadet. Es ist das Koffein, das ...«

»Halt mir jetzt bloß nicht wieder einen Vortrag! Das fehlt mir auch noch!«

Ich schlafe für mein Leben gern lange aus. Als Mutter von zwei Kindern, von denen eins schulpflichtig ist und das andere täglich vor meinem Dienstbeginn in den Kindergarten gebracht werden muss, ist das nur sonntags möglich. Und heute ist Sonntag! Was sagte er gestern Abend? Schonungslose Offenheit. Ja, ich werde ihm gleich schonungslos sagen, dass er es sich nicht noch einmal erlauben soll, mich morgens um halb sieben zu wecken.

Das, was er morgens zum Frühstück verputzt, wäre für mich eine ganze Wochenration.

»Wenn ich sehe, wie viel du so in dich hineinschlingst, frage ich mich, wie es sein kann, dass du eine so gute Figur hast.«

»Ich finde, das Frühstück ist die wichtigste Mahlzeit am Tag.«

»Ich bekomme um diese Zeit höchsten einen Kaffee runter.«

»Iss doch auch ein Brötchen.«

»Nach deinem fünften hat sich mir der Magen verschlossen.«

»Ich muss schließlich bei Kräften bleiben.«

»Na dann, weiterhin guten Appetit.«

»Wo willst du hin?«

»Ich gehe raus, eine rauchen.«

»Du rauchst? Sag, dass das ein Scherz ist!«

»Bitte jetzt keine Vorträge über Lungenkrebs!«

Ich stimme einem Spaziergang zu. Schon beim Anblick seines Schuhwerks hätte ich ahnen müssen, dass er keinen gemütlichen Ausflug geplant hat, sondern eine stundenlange Wanderung.

»Mats, bitte, mir tun die Füße weh, ich habe Durst und Hunger, und solltest du darauf bestehen, noch einen einzigen Meter weiter zu gehen, dann schmeiß ich mich hier die Böschung runter, wähle den Notruf und schreie ganz laut Überfall.«

»Du hast null Kondition für dein Alter. Aber rauchen!«

»Mats!«

»Keine Angst. Ich halte dir keinen Vortrag.«

»Du bist lernfähig, das gefällt mir.«

»Und du bist ein Faultier und ich weiß nicht, ob mir das gefällt.«

Bitte? Gut, wir haben uns gegenseitig schonungslose Offenheit versprochen. Aber das war nun wirklich uncharmant. Ich bin kein Faultier! Ich hab es halt gern gemütlich im Urlaub. Die zwei Wochen im Jahr ohne Doppelbelastung mit Kindern und Job würde ich gern entspannt verbringen. Mich ausruhen. Mich verwöhnen lassen. So wie Roman es in den Ferien immer zugelassen hat. Aber Mats ist nicht Roman. Und das ist auch gut so. Er zeigt Erbarmen und steuert das nächste Gartenlokal an. Im Schatten einer großen Linde finden wir einen freien Platz. Bei der Auswahl der Getränke und Speisen sind wir uns auf Anhieb einig. Erleichtert stelle ich fest, dass wir doch Gemeinsamkeiten haben.

Im Wagen auf dem Nachhauseweg beginnt Mats über Sex zu sprechen. Er meint, wir sollten uns unsere Vorlieben gestehen und fordert mich auf, ihm zu sagen, was ich mir von ihm wünsche. Etwa jetzt? Hier während der Autofahrt? Ich bin es nicht gewohnt über Sex zu sprechen. Roman hat mich nie gefragt, wie ich es gern hätte. Er hat es einfach getan.

»Du bist ja total verklemmt, Ella«, lacht er mich laut aus. Bin ich nicht! Was für eine Frechheit!

»Was willst du von mir hören? Soll ich dir etwa eine Zeichnung anfertigen oder dir ein Rezept aufschreiben? So, als wenn du einen Kuchen für mich backen sollst? Mit einer Schritt-für-Schritt-Anweisung?«

Mein Tonfall klingt leicht zickig, muss ich mir eingestehen. Also halte ich besser den Mund.

»Du redest nicht gern über Sex, oder?«

»Meine Devise ist: Nicht reden, sondern machen!«

»Du willst beim Sex mit mir darüber sprechen? Auch gut. Hauptsache wir sind offen miteinander.«

»Ich will gar nicht darüber sprechen! Meine Güte, mach es doch nicht so kompliziert! Und jetzt Themawechsel!«

Mit seinem blöden Geschwafel hat er es geschafft. Ich denke ständig über meinen Ex-Mann nach. Wie war das damals mit uns? Ich war schwer verliebt und unerfahren. Egal, wie oder wo er mich berührt hat, es hat mir gefallen. Wir liebten uns auf seine Art. Auf die altbewährte Roman-Art. All die Jahre einzig und allein auf diese Weise. Auf welche Weise sonst? Ich schaue zu Mats, der lang ausgestreckt auf dem Sofa liegt und ein Buch liest. Er sieht hinreißend aus, wenn er seine schwarz gefasste Lesebrille trägt. Sie verleiht ihm einen ganz besonderen Touch. Er blickt kurz auf und legt seinen Schmöker zur Seite.

»Was bedeutet dieser Blick? Bist du etwa schon wieder hungrig?«

Dieser Mann kann Gedanken lesen. Er greift nach meiner Hand und Schwups - liege ich neben ihm auf der Couch. Ich mag die Art, wie er meinen Hals küsst. Mit geschlossenen Augen lehne ich mich zurück, bereit, mich von ihm nach Strich und Faden verwöhnen zu lassen. Doch er fordert mich auf, ihn anzusehen und ihn auch zu berühren.

»Nicht so zaghaft, Ella. Du kannst gern zupacken.« Das war kein Vorschlag, sondern der Beginn seiner nachfolgenden Kommandos.

»Fester!«

»Schneller!«

»Noch fester!«

»Mehr!«

Noch fester? Noch schneller? Ich bekomme gleich einen Krampf!

»Aua, Ella! So fest nun auch nicht. Das ist schließlich kein Rubbel-Los!«

Ich lasse mich laut kreischend auf den Boden fallen. Was hat er gesagt?

»Weißt du was, Mats? Ich hab ja schon einiges erlebt. Ich habe gestöhnt und geschrien beim Sex. Allerdings hatte ich dabei noch nie einen Lachkrampf. Du hast vollkommen recht. Wir sollten dringend über unsere Vorlieben sprechen.«

Noch immer zuckt mein Bauch und ich kann nicht aufhören zu lachen. Gott sei Dank nimmt er es auch mit Humor.

»Ich dachte immer, Sex verlernt man nicht. Es wäre wie Radfahren.«

»Mir scheint, du bist zu lange Zeit mit Stützrädern unterwegs gewesen. Es wird Zeit, dass dir jemand zeigt, wie man ohne fährt.«

»Ja, hiermit melde ich mich formell zur Fahrradprüfung bei dir an.«

Mats hat DVDs aus der Videothek besorgt. Französische Filmklassiker. Er stellt mich vor die Wahl:

»Sophie Marceau, Romy Schneider oder Juliette Binoche?«

»Hast du für heute noch nicht genug von schönen Frauen?«

»Genug von dir? Wie soll das gehen?«

Sein Kompliment geht mir runter wie Öl und ich belohne ihn sofort mit einem Kuss. Unsere Schmuserei wird von meinem Handy unterbrochen. Ich empfange eine SMS von Laura. Meine Tochter schreibt mir, dass ihr Vater mit Finn ins Krankenhaus gefahren ist. Er hat sich beim Spielen den Arm gebrochen. Ich rufe sie sofort an und lasse mir in aller Ausführlichkeit berichten.

»Wie ist es passiert?«, frage ich nun schon zum dritten Mal. Endlich rückt sie mit der Sprache heraus.

»Wir wissen es nicht so genau. Finn war allein im Haus. Er wollte uns nicht zum Strand begleiten.«

»Ihr habt ihn allein gelassen?«

Ich bin außer mir vor Wut. Aber ich will meine Tochter nicht weiter anbrüllen. Mein Donnerwetter wird Roman abbekommen.

»Sag deinem Vater, er soll mich sofort zurückrufen, wenn er wieder da ist!«

Mats meint, ich solle mich beruhigen. Beruhigen? Das kann nur ein Mann sagen, der selbst keine Kinder hat. Oder ein Mann, der Kinder hat. Denn Roman wählt die gleichen Worte, als er endlich zurückruft.

»Und so einem wie dir vertraue ich meine Kinder an! Wie konntest du ihn nur allein lassen? Er ist sechs Jahre alt! Nein, Roman, bei mir wäre das nicht passiert! Und sag nicht, es wäre nur ein dummer Unfall gewesen. Du hast deine Aufsichtspflicht verletzt! Nicht einen Tag länger wirst du meine Kinder weiteren Gefahren aussetzen. Ich komme morgen und hole sie ab! Natürlich ist das mein Ernst! Klingt meine Stimme etwa so, als ob ich scherzen würde?«

Ella - Sturmwarnung

»Natürlich fahre ich dich. Was hast du denn gedacht?«

Was ich ehrlich gedacht habe? Dass er sich nach meinem hysterischen Auftritt von gestern Abend wohl schnellstens aus dem Staub macht. Dass er das Weite sucht und seinen restlichen Urlaub lieber ohne mich und meine Kinder verbringen will. Schön, dass ich mich geirrt habe. Mats verzichtet auf sein ausgiebiges Frühstück und wir machen uns auf den Weg in Richtung Norden. Rund 300 km sind es von Hamburg bis nach Esbjerg in Dänemark. Danach werden wir kurz mit der Fähre nach Fanø übersetzen. In spätestens vier Stunden werde ich meinen kleinen Schatz in die Arme schließen, ihn trösten und ihn aus den Fängen seines verantwortungslosen Vaters befreien. Gleich hinter der Grenze stoppt Mats. Er hat einen Hot-Dog-Stand entdeckt und verdrückt drei Rødepølser. Bestimmt hätte er sich noch einen vierten bestellt, wenn mein Blick ihm nicht deutlich machen würde, dass wir jetzt besser weiterfahren sollten. Und mit jetzt meine ich sofort. Es weht ein starker Wind und die Überfahrt gestaltet sich zur Mutprobe für mich. Erst als wir endlich festen Boden unter den Füßen haben, beruhigt sich auch mein Magen wieder.

»Das rote Holzhaus muss es sein«, sage ich, denn ich erkenne den silbergrauen Audi mit Hamburger Kennzeichen, der auf dem Grundstück parkt. Schon beim Aussteigen höre ich die Stimmen meiner Kinder. Roman spielt Fußball mit ihnen im Garten. Als sie endlich Notiz von mir nehmen, ernte ich statt erwarteter Freude nur Erstaunen. Was ich denn hier will, fragt mich mein kleiner Patient. Er trägt eine blaue Manschette um seinen Arm und ringt sich endlich durch, mich zu begrüßen.

»Nur verstaucht, Mama. Es tut auch gar nicht mehr weh.«

»Trotzdem. Ihr kommt beide mit nach Hause. Mats und ich sind keine vier Stunden im Auto gefahren, nur um zu sehen, dass es dir wieder besser geht und alles nur halb so schlimm war.«

»Mensch, Ella, komm zur Vernunft! Hast du tatsächlich vor, uns allen den Urlaub zu versauen?«

Roman schreit, Laura wirft beleidigt ihren Kopf in den Nacken und Finn flennt. Als wäre die Situation noch nicht schlimm genug, kommt die Schimpansen-Braut aus dem Haus und schlägt vor, dass wir erst einmal einen Kaffee zusammen trinken.

»Oder besser einen Aquavit.«

Ich will keinen Schnaps mit ihr trinken, aber Mats sagt, dass er das für eine prima Idee hält und folgt ihr ins Haus. Verräter! Elendiger!

Mürrisch folge ich ihnen und sehe noch, wie sie mit ihren langen Armen den Kühlschrank öffnet und den eisgekühlten Kümmelschnaps auf den Tisch stellt.

»Skol«, prostet sie uns zu und leert das Glas in einem Zug. Die Kinder zerren an mir und betteln lautstark, dass ich doch bitte erlauben soll, dass sie bleiben dürfen.

»Mensch Mama, wir haben heute extra Drachen gekauft, die Papa mit uns steigen lassen will.«

»Ihr habt Drachen?«, mischt Mats sich ein.

»Dann lasst uns keine Zeit verlieren. Während wir draußen sind, können sich eure Eltern ungestört unterhalten.« Er zwinkert den beiden aufmunternd zu und verlässt mit ihnen und Ivonne das Haus. Jetzt wäre die Gelegenheit, dass Roman und ich uns laut anschreien und uns gegenseitig beschimpfen. Er könnte sagen, dass ich mal wieder maßlos übertrieben habe. Ich könnte ihm vorwerfen, dass er als Wochenend-Papa gar keine Ahnung hat, was es bedeutet, allein die Verantwortung für unsere Kinder zu tragen. Weil wir uns das aber schon hundert Mal an den Kopf geworfen haben, verzichten wir heute darauf. Er schenkt nach und zieht ein Schmollgesicht.

»Es tut mir leid, natürlich hattest du recht. Wir hätten Finn nicht allein im Haus lassen dürfen. Ich mach mir selbst die größten Vorwürfe.«

»Geschenkt. Vermutlich habe ich mal wieder überreagiert. Das ist ja nichts Neues, wenn es um die Kinder geht.«

»Frieden?«

»Ja, schenk nach und dann Schwamm drüber.«

»Ist das was Ernstes mit dir und Mister XXL?«

»Das Bild geht dir wohl nicht mehr aus dem Kopf?«, lache ich und amüsiere mich mal wieder köstlich.

»Mit der Größe hat das gar nichts zu tun, sagt Ivonne.«

»So, sagt sie das?«

»Etwa nicht?«

»Du willst nicht wirklich mit mir über Mats Ausstattung sprechen, oder?«

»Ich will's nur wissen.«

»Dann schenk nach«, fordere ich Roman auf.

»Du wirst viel Schnaps brauchen, wenn ich dir die ganze Wahrheit erzählen soll.«

»So schlimm?«

»Wer sagt hier was von schlimm?«

»Nun sag schon!«

»Sagen wir mal so, Ivonne hat gelogen.«

Das ist jetzt schon der zweite Lachkrampf in dieser Woche. Nur, dass ich mich diesmal nicht wieder einkriegen kann. Ich halte mir immer wieder die Hand vor den Mund, doch beim Anblick in Romans ahnungsloses Gesicht bricht es immer wieder laut aus mir heraus.

»Die beiden haben die ganze Flasche gebechert und sind völlig blau«, höre ich Ivonne sagen. Mats will mich in Schutz nehmen und antwortet für mich.

»Das kommt nur, weil Ella nie frühstückt. Und nun?«

»Und nun sollten die beiden erst einmal ihren Rausch ausschlafen. Das Zimmer am Ende des Flurs ist noch frei. Ich bringe ihn ins Bett und du kümmerst dich um sie. Und zwar zügig, bevor die Kinder reinkommen und das Elend ihrer Eltern hier mit ansehen müssen.«

Es ist unbeschreiblicher Hunger, der mich weckt.

Ich liege diagonal auf einem fremden Bett und weiß im ersten Moment gar nicht, wo ich bin. Erst als ich die Stimmen meiner Kinder höre, die durch das kleine Sprossenfenster schauen, dämmert es endlich.

»Mama ist wach«, meldet Finn ins Wohnzimmer und kurz darauf öffnet sich die Tür und Mats lugt herein.

»Na, wieder klar?«

»Ich hab einen unvorstellbaren Hunger.«

»Dann steh auf und komm in die Küche. Ivonne und ich haben gekocht.«

»Wie bitte?«

»Die Kinder wünschten sich Spaghetti bolognese.«

»Die Kinder wünschen sich immer Spaghetti bolognese. Wenn es nach ihnen ginge, würde nichts anderes auf den Tisch kommen. Aber vermutlich kann die Affenbraut nichts anderes kochen.«

»Ich finde die Affenbraut sehr nett. Und ihr Essen war sehr lecker. Was ist jetzt? Hast du nun Hunger oder nicht?«

»Aber danach fahren wir gleich los.«

»Das wird nicht gehen. Die Fähre hat bei dem Sturm den Betrieb schon vor zwei Stunden eingestellt. Also mach ein anderes Gesicht und bedanke dich bei Roman und Ivonne. Sie haben uns angeboten, über Nacht zu bleiben.«

Auch das noch!

»Ja, es hat ganz wunderbar geschmeckt. Vielen Dank, Ivonne«, sage ich ohne zu lügen. Aber bitte jetzt keinen gemeinsamen Kniffel-Abend einläuten. Nein, ich will auch keine Karten spielen. Ich bade meinen Jüngsten und bringe ihn ins Bett. Als ich ins Wohnzimmer komme, läuft der Fernseher. Im dänischen Programm wird ein französischer Spielfilm mit englischen Untertiteln gezeigt.

»Schau nur, Ella. Sie bringen Tanguy! Das ist einer unserer Lieblingsfilme.«

Ja, ich liebe diesen Streifen mit dem Nesthocker, der sich mit Händen und Füßen weigert, aus seinem Elternhaus auszuziehen und Vater und Mutter mit seiner Hartnäckigkeit zur Weißglut treibt. Mit einem Satz lasse ich mich neben Mats aufs Sofa fallen, kuschle mich in seinen Arm und lache an den gleichen Stellen mit ihm wie in der deutschen Fassung dieser Komödie. Roman kann unseren Spaß nicht nachvollziehen. Für ihn sind Filme mit Untertiteln ein absolutes No-Go. Ivonne verabschiedet sich. Sie will schlafen gehen und fordert Roman auf ihr zu folgen.

Die Wände in dänischen Ferienhäusern sind dünn wie Pappe. Null Schallschutz und so können wir hören, wie sie ihrem Liebsten die Hölle heiß macht:

»Ich finde, ich habe genug Toleranz walten lassen. Wenn du aber denkst, dass ich dir dabei zuschaue, wie du deine Ex-Frau mit Blicken auffrisst, dann hast du dich geirrt. Streite es nicht ab! Ich habe gesehen, wie dir, ihr Umgang mit ihrem Neuen .«

Roman bittet sie um eine Kopfschmerztablette und eindringlich darum, mit diesem Unsinn aufzuhören. Ja, absoluter Unsinn, finde ich auch. Allerdings finde ich keine Zustimmung bei Mats. Er bittet mich um eine ehrliche Antwort auf seine Frage, die er mir im Flüsterton stellt: »Das mit dir und deinem Mann ist doch endgültig vorbei, oder?«

Hallo? Was geht denn hier ab? Was für eine dumme und überflüssige Frage.

»Er ist mein Ex-Mann und ja, es ist zu hundert Prozent vorbei. Wie kommst du nur auf die Idee?«

Langsam entspannt sich sein Gesicht wieder und er sagt, dass er sehr erleichtert ist.

»Ich hab dich richtig gern, Ella. Also bitte spiele nicht mit mir.«

»Dann wäre ich dümmer, als die Polizei erlaubt. Ich mag dich nämlich auch und ich will, dass es mit uns klappt.«

Ella - Ich krieg ihn nicht hoch

Dänisches Frühstück. Was so viel bedeutet wie frisches, ofenwarmes Mohn-Weizenbrot mit leicht gesalzener Butter und einer Menge Himbeermarmelade. Eingefleischte Dänemark-Urlauber legen noch eine Scheibe Käse drunter. So wie Roman und ich. Schließlich sind wir nicht das erste Mal auf Fanø. Früher haben wir immer die Ferien hier verbracht. Immerhin hat er den Anstand besessen, diesmal ein anderes Haus anzumieten. Es gibt nur Kaffee und Mats macht kein Fass auf, weil er auf seinen Tee verzichten muss. Er erzählt, wie er als Kind Bernsteine am Strand gesucht hat und übertreibt mit Sicherheit maßlos, als er Finn und Laura mit den Fingern zeigt, wie groß seine Fundstücke damals waren.

»Gehst du später noch mit mir auf Schatzsuche? Bitte, bitte, Mats«, bettelt mein Sohn und er nickt.

»Vielleicht hat Laura ja auch Lust mitzukommen?«

Ob er eine Ahnung hat, wie sehr ich ihn mag? Vor Roman, seiner Affenbraut und den Kindern halte ich mich zurück. Zu gern würde ich jetzt auf seinem Schoß sitzen, ihm die flüssige Marmelade vom Kinn schlecken und ihm gestehen, dass ich es wunderbar finde, wie liebevoll er mit den Kindern umgeht. Sie haben sich bereits zum Drachensteigen nach dem Frühstück verabredet. Laura will unbedingt mit ihrem Vater ein Team bilden. Typisch. Gegen Tochter-Vater-Liebe ist eben kein Kraut gewachsen. Finn will unbedingt zu Mats.

»Bloß nicht heulen, wenn unser Drachen höher steigt, Laura«, frotzelt mein Zwerg überheblich.

Ich will Ivonne beim Abwasch helfen. Zumindest das bin ich ihr schuldig.

»Dein Mats ist richtig nett.«

»Ja, das ist er. Also Hände weg! Du hast mir bereits einen Mann ausgespannt. Danke nochmal für das nette Angebot, hier übernachten zu dürfen. Das war nicht selbstverständlich.«

Ich habe das Gefühl, dass sie mir etwas sagen will, aber außer »Du, Ella?« und »Weißt du, Ella …« bringt sie keinen ganzen Satz raus. Nun ist es zu spät, denn wir werden gerufen und sollen endlich in den Garten kommen.

»Du bist in unserem Team!«, bestimmt meine Tochter. Habe ich da noch eine Wahl? Sie greift nach meiner Hand und zieht mich zu Roman, der unseren Drachen überprüft. »Jetzt ist es genau wie früher«, schwärmt sie. »Nur Papa, du und ich.« Dabei strahlt sie über das ganze Gesicht und ich bekomme sofort einen dicken Kloß im Hals. Roman schickt sie mit dem Drachen hinauf auf die hohe Düne, während Ivonne aus dem gegnerischen Team bereits weit vorausläuft. Finn gibt das Startzeichen. Der blaue Drachen meines Sohnes erhebt sich in die Luft, während der rote meiner Tochter sofort zu Boden sinkt. Also nochmal. Und wieder nicht. Nach dem dritten Versuch wird Roman langsam ungeduldig.

»Lass Mama das machen, sonst kriege ich hier nie einen hoch!«

»Du brauchst mich, um einen hochzukriegen? Na, das lass mal nicht deine Ivonne hören«, lache ich laut.

»Es ist ja auch kaum Wind«, schimpft Roman.

»Ja, genau. Deshalb geht der blaue auch wie eine Rakete ab, während deiner hier schlapp auf dem Boden rumliegt.«

»Lass deine blöden Anspielungen vor Laura!«

»Ich rede vom Drachen, was hast du denn gedacht?«

»Ihr sollt nicht schon wieder streiten!«, mischt sich Laura ein.

»Wir streiten nicht. Schau her, Prinzessin!«

Roman umfasst meine Taille und wirbelt mich durch die Luft. Als er mich endlich wieder absetzt, drückt er mir einen Kuss auf die Wange.

»Siehst du, Laura, wir streiten nicht!«

Völlig verblüfft frage ich ihn, was das sollte. Aber er grinst nur. Das Grinsen vergeht ihm jedoch schnell, denn seine Kuss-Attacke blieb nicht unbemerkt. Ivonne rennt wutentbrannt ins Haus und Mats straft mich mit bösen Blicken.

»Nun schau doch nicht so! Nicht ich habe ihn geküsst, sondern er mich. Außerdem war es völlig belanglos. Freundschaftlich, mehr nicht.«

»Hab ich was gesagt?«

»Wollen wir endlich los? Ich sage nur noch Tschüss und dann können wir zurück nach Hamburg fahren.«

Finn ruft aufgebracht, dass wir noch nicht abreisen dürfen. Schließlich hat Mats ihm eine Schatzsuche versprochen. Und Versprechen muss man halten.

»Ja, das muss man«, sagt Mats und streicht meinem Sohn zärtlich über den Kopf. Im Haus wird geschrien. Ivonne macht Roman eine lautstarke Szene. Ich halte es für richtig, jetzt sofort die Biege zu machen. Schatzsuche hin oder her.

»Das ist doch Unsinn, Ella«, meint Roman, als er aus dem Haus kommt. »Ich bitte euch zu bleiben. Wenn Ivonne sich endlich wieder einkriegt und wir uns alle wie Erwachsene benehmen, dann sollte es wohl möglich sein, einen Tag in Frieden miteinander zu verbringen. Schon wegen der Kinder.«

»Ja, genau!«, stimmt Laura ihrem Vater zu.

»Meine Mama bleibt hier!«

»Halte deine vorlaute Klappe, Laura«, keift Yvonne los, die mittlerweile zu uns gestoßen ist.

»Du gehst mir mit deinem altklugen Geplapper schon seit Tagen auf den Geist. Sei gefälligst still, wenn sich Erwachsene unterhalten!«

Wie bitte? Was erlaubt sich die Schimpansen-Braut?

»So redet keiner mit meiner Tochter, hörst du! Du hast wohl als Friseurin zu viele chemische Dämpfe eingeatmet oder wie willst du deinen Ton ihr gegenüber rechtfertigen? Erlaube es dir nicht noch einmal, so mit ihr zu sprechen, sonst lernst du mich kennen!«

»Ich bin keine Friseurin, ich bin Haarstylistin und deine so liebreizende Tochter ist total verzogen!«

»Und du scheinst lebensmüde zu sein! Roman, verdammt, sag doch auch mal etwas!«

Roman sagt mal wieder nichts. Dafür mischt Mats sich ein und schlägt vor, dass Ivonne ihn mit den Kindern zum Strand begleiten soll.

»Ja, nimm sie bloß mit! Sie wird euch eine große Hilfe sein, denn um Muscheln zu sammeln und den Boden nach Bernsteinen abzusuchen, braucht sie sich mit ihren langen Affenarmen noch nicht einmal zu bücken!«

»Das war auch nicht sehr nett von dir«, sagt Roman, als wir allein im Haus sind.

»Wie kannst du es zulassen, dass sie so mit unserer Tochter spricht?«

»Ivonne war nur eifersüchtig.«

»Das gibt ihr noch lange nicht das Recht …«

»Auch einen Aquavit?«

»Du willst mich schon wieder abfüllen?«

»Wir haben Urlaub. Früher haben wir immer einen Kümmel getrunken, wenn wir mittags vom Strand zurückgekommen sind. Erinnerst du dich?«

»Ja, dann haben wir die Kinder zum Mittagsschlaf gelegt und …«

»… und dann ging's zur Sache.«

»Was soll das, Roman? Warum küsst du mich und redest von vergangenen Zeiten?«

»Bist du glücklich, Ella?«

»Warum fragst du mich das? Du etwa nicht?«

»Nicht genug, um Ivonne zu heiraten. Sie will ein Baby und liegt mir seit Wochen damit in den Ohren. Vermutlich ist das auch der Grund, weshalb sie vorhin so eifersüchtig auf Laura reagiert hat.«

»Ja, jetzt brauche ich auch einen Schnaps.«

»Und dann halten wir unseren Mittagsschlaf. Nur kurz! Solange wir das Haus für uns alleine haben.«

»Kurz? Erstens steht mir nicht mehr der Sinn nach kurz, und zweitens sollte dir nicht entgangen sein, dass ich einen neuen Partner habe.«

»Es ist dir also wirklich ernst mit diesem Supermann? Ich will das nicht. Ich kann nicht mit ansehen, wie er in meine Rolle schlüpft. Ich bin der Vater unserer Kinder.«

»Dann weißt du ja jetzt, wie es sich für mich angefühlt hat. Aber ich bin da durchgekommen und dir wird es auch irgendwann gelingen.«

»Ella, wir sind noch immer eine Familie. Hast du es denn nicht gespürt heute Morgen?«

»Da waren wir ein Team, Roman. Mehr nicht. Unsere Familie hast du zerstört, als du dich für Ivonne entschieden hast.«

»Ist das dein letztes Wort?«

»Nein, mein letztes Wort ist: Genießt euren Urlaub. Ich fahre jetzt mit Mats zurück.«

Endlich ist die Schatzsuche beendet und ich will mich gerade von den Kindern verabschieden, als Ivonne auf mich zu geht und mir die Hand ausstreckt.

»Es tut mir leid, Ella. Ich weiß auch nicht, was da vorhin in mich gefahren ist. Bitte glaub mir, ich mag deine Kinder und bisher sind wir auch immer gut miteinander ausgekommen. Nimmst du meine Entschuldigung an?«

»Ich war auch nicht sehr freundlich. Natürlich nehme ich deine Entschuldigung an.«

»Und auch meine Einladung? Ich möchte, dass ihr noch bleibt. Es wäre doch eine ideale Gelegenheit, um uns alle ein wenig besser kennenzulernen. Schließlich sind wir eine Patchwork-Familie. Bitte sag ja. Mats wäre auch einverstanden. Und die Kinder sind begeistert.«

»Das ist wirklich eine nette Idee, aber das geht nicht. Wir haben gar keine Sachen dabei und ich stecke schon den zweiten Tag in meinen alten Klamotten.«

Mats findet, das wäre kein triftiger Grund.

»Ich fahre nach Hamburg und packe uns ein paar Dinge ein. Schreib mir einfach auf, was ich dir mitbringen soll und gib mir deinen Schlüssel. Morgen gegen Mittag bin ich schon wieder zurück und wir beide können einen langen Strandspaziergang machen. Ach Ella, der endlose Strand ist einfach himmlisch. Du hättest uns begleiten sollen.«

Mats ist ganz euphorisch. Ihm scheint die Idee von gemeinsamen Tagen mit meinen Kindern tatsächlich zu gefallen. Ich halte es noch immer für eine Schnapsidee. Bei der Abstimmung unterliege ich 1:5.

Ella - Patchwork ist Mist

Mit einer zweiseitigen Liste und unzähligen Küssen verabschiede ich meinen Supermann. Ob er wohl ahnt, welchem Spießrutenlauf er mich hier aussetzt? Wohl kaum, denn er weiß ja nichts von Romans heimlicher Beichte. Ivonne leiht mir ihren Jogginganzug und ich steige unter die Dusche. Natürlich schließe ich die Tür zum Badezimmer ab. Schon nach wenigen Minuten rufe ich »Besetzt!« und der Störenfried zieht wieder ab. Meine Haare trocknen im Wind auf der Terrasse, während ich dabei zuschaue, wie meine Kinder ihre Muscheln tauschen. Roman und Ivonne bereiten das Abendessen in der Küche vor. Sie haben meine Hilfe abgelehnt und ich freue mich auf einige geruhsame Minuten in der Abendsonne. Ich gebe mich gerade der Illusion hin, ich wäre noch immer mit Roman verheiratet und Ivonne wäre nur unsere Haushaltshilfe. Doch will ich das wirklich?

»Essen ist fertig«, dröhnt es aus dem Hausinneren. Der Tisch ist gedeckt und es wird ein Auflauf aus dem Backofen geholt.

»Heiß! Passt bitte auf«, empfiehlt die Köchin und

stellt die Form mit dem gelben Inhalt auf den Tisch.

»Bäh!«, entweicht es meinem Sohn. »Nicht schon wieder Kartoffelauflauf.«

»Finn, benimm dich«, rüge ich ihn. »Ivonne hat sich viel Mühe mit dem Kochen gegeben und dein Verhalten ist nicht nett!«

Seht her! Ich verziehe meine Kinder nicht. Ich bringe ihnen gutes Benehmen bei. Zumindest, was die Tischmanieren angeht. Wir lobhudeln den leckeren Auflauf und nach einem strengen Blick zu meiner Tochter ist auch sie bereit, das Essen als besonders lecker zu würdigen. Na, geht doch.

»Ella, du auch ein Glas Wein?«, fragt mich Roman. »Mats hat versprochen Nachschub mitzubringen. Also geniere dich nicht.«

Ivonne lehnt ab und schenkt sich stattdessen ein Glas Limonade aus der Flasche der Kinder ein. Sie meint, es wäre ein guter Zeitpunkt, mit einer Neuigkeit herauszurücken.

»Finn? Laura? Ich habe eine Überraschung für euch. Ihr werdet ein Geschwisterchen bekommen.«

»Du bist schwanger, Mama?«, ruft Laura aufgebracht. Das wüsste ich, denke ich und schaue gespannt zu Roman. Auch er ist scheinbar ahnungslos über diese Botschaft. Freudige Botschaft?

Ich denke mal eher nicht. Laura verstummt und Finn will wissen, ob er einen Bruder oder eine Schwester bekommt.

»Was wäre dir denn lieber?«, will Ivonne wissen. Finn überlegt und Laura rennt weinend vom Tisch. Ich will ihr folgen, aber Roman ist schneller. Das Gespräch am Tisch verstummt und wir hören, wie der Vater seine Erstgeborene tröstet:

»Wie kommst du nur auf diese Idee? Ich werde dich immer lieb haben. Du bist meine Prinzessin und das wird sich niemals ändern. Hör mir zu, Laura. Ich glaube du hast gar keine Ahnung, wie lieb ich dich hab. Nun, komm und schau mich an!«

Zu hören, wie Roman ihr seine Liebe gesteht, treibt mir die Tränen in die Augen. Laura schreit, dass sie ihren Vater hasst und sie mit ihrer Mama sofort nach Hause will. So hatte Ivonne sich das sicher nicht vorgestellt. Ich muss einschreiten. Dringend, bevor noch weitere Worte gesprochen werden, die sich im Nachhinein nicht mehr zurücknehmen lassen.

»Lass mich mal machen«, sage ich zu Roman und schicke ihn mit dem Rat aus dem Zimmer, sich um die werdende Mutter zu kümmern. Ich lege mich zu Laura ins Bett und kraule ihren Kopf.

»Ein Baby ist etwas Schönes. Wir sollten uns freuen.« Aber Laura will sich nicht freuen. Sie heult und ihr kleiner Körper zuckt völlig unkontrolliert auf und ab. Ich unternehme einen neuen Versuch und sage, dass sie das Baby lieben wird, wenn es erst auf der Welt ist, und dass es ganz toll ist, viele Geschwister zu haben.

»Sag bloß, du willst auch noch mehr Kinder?«

Ich weiß keine Antwort auf ihre Frage und erwidere: »So ist das heutzutage. Eltern trennen sich und leben mit ihren eigenen und den neuen Kindern zusammen. Das nennt sich Patchwork-Familie.«

»Ich finde, das klingt nach großem Mist!«, schimpft meine Kleine. Und im Stillen gebe ich ihr recht. Finn kommt ins Zimmer und beschwert sich, dass es ihn unter der Manschette juckt. Wann er das blöde Ding endlich wieder abmachen darf, will er wissen. Ich lenke ihn ab und frage, was er von der Neuigkeit hält.

»Cool, dann bin ich nicht mehr der Jüngste.«

»Noch bist du der Jüngste und es wird Zeit fürs Bett.«

Meine Kinder schlafen und ich suche in meiner Handtasche nach den Zigaretten. Auf der überdachten Terrasse stecke ich mir eine an und inhaliere tief ein. Es ist der erste Glimmstängel, den ich mir in Dänemark gönne. Fest entschlossen, für Mats mit dem Rauchen aufzuhören, habe ich mir keine neue Schachtel gekauft. Aber jetzt brauche ich eine.

»Danke«, sagt Roman und streckt mir seine Hand entgegen. »Lass mich auch mal ziehen.«

»Danke wofür?«

»Für deine Reaktion.«

»Du hast es nicht gewusst?«

»Nein, ich war genauso überrascht wie Laura.«

Ich drehe mich um und nehme ihm die Zigarette wieder aus der Hand. Mein Blick fällt in die Küche, in der Ivonne allein den Tisch abräumt. Sie trinkt das Glas Wein, das mir zum Essen eingeschenkt wurde, auf Ex aus und ich wundere mich. Erst recht, als sie sich erneut nachschenkt.

»Ich will das nicht! Verdammt, ich will kein drittes Kind. Ich hab schon jetzt zu wenig Zeit und Geld, um mich ausreichend um Laura und Finn zu kümmern.«

»Dieses Gespräch solltest du nicht mit mir führen. Ich lasse euch jetzt besser allein. Gute Nacht, Roman.«

Ich liege diagonal auf dem Bett und starre an die Decke. Es ist gerade mal neun Uhr abends und ich weiß, dass ich so früh nicht einschlafen kann. Ich bin ein Nachtmensch und momentan so durcheinander, dass ich nicht klar denken kann. Sind Lauras Befürchtungen berechtigt? Natürlich wird Ivonne ihr leibliches Kind meinen vorziehen. Und über kurz oder lang wird auch Roman es tun. Wir werden Kinder erster und zweiter Klasse haben. Mein Telefon klingelt. Mats ist in Hamburg angekommen und fragt, welche der hundert blauen Jeans er für mich einpacken soll.

»Du hast etwas verpasst.«

»Etwa Runde zwei eurer Stutenbissigkeit?«

»Ivonne ist schwanger.«

»Seit wann?«

»Wie seit wann? Ich weiß es nicht. Sie hat es uns gerade gesagt.«

»Na, heute Morgen wusste sie es scheinbar noch nicht, denn da sprach sie lediglich vom Kinderwunsch.«

»Du meinst, sie hat geschwindelt? Das würde auch erklären, weshalb sie heimlich den Wein getrunken hat.«

»Ich denke, sie wollte eure Reaktion testen.«

»Der Test ist fix in die Hose gegangen. Laura bekam sofort einen Weinkrampf und Roman ist auch nicht erfreut.«

»Warum hat die Kleine geweint?«

»Sie will keine weiteren Geschwister.«

»Das ist nicht gut. Darüber werde ich wohl ernsthaft mit ihr sprechen müssen.«

»Warum denn das?«

»Na, weil auch ich gern eigene Kinder mit dir hätte. Ella, bist du noch dran?«

»Nimm einfach die Jeans, die ganz oben auf dem Stapel liegt. Bis morgen, Mats«

Der Wecker zeigt halb zehn, als ich das erste Mal die Augen öffne und Roman höre, wie er die Kinder zur Ruhe ruft.

»Seid nicht so laut und lasst eure Mama ausschlafen. Wenigstens einmal im Jahr, wenn sie Urlaub hat, wollen wir ihr diesen Luxus gönnen.«

Als ich in den Wohnraum trete, sind bereits alle verschwunden. Auf dem Esstisch steht mein Frühstück und ein Zettel liegt auf meinem Teller. Ich erkenne Romans Handschrift. *Sind am Strand. Guten Appetit!*

Wie oft hat er früher diese Nachricht für mich geschrieben. Dann trank ich einen schnellen Kaffee, schmierte mir eine Scheibe Mohnbrot und rannte wie der Wind zu ihm und unseren Kindern an den Strand. Heute renne ich ihnen nicht hinterher, sondern bleibe im Haus und warte auf Mats. Hoffentlich kommt er bald, denn ich kann es kaum erwarten, diesen grässlichen Jogginganzug auszuziehen.

»Du bist spät«, sage ich vorwurfsvoll, als er gegen Mittag endlich eintrudelt. Er erklärt die Verzögerung damit, dass er sich noch eine Badehose gekauft hat.

»Und wo ist mein Badeanzug? Hast du ihn nicht eingepackt? Er stand doch ganz oben auf der Liste.«

»Auf keinen Fall wirst du deinen schönen Körper mit so einem Zelt verhüllen. Schau her. Ich habe dir einen Bikini gekauft.« Er wirft eine kleine Tüte über das Bett und ich ziehe einen gestreiften Fetzen Stoff heraus. Ich trage seit Finns Geburt keine Bikinis mehr und dieses knappe Teil werde ich bestimmt nicht anziehen.

»Anprobieren! Los, Ella! Warum zierst du dich so?«

»Nun guck doch selbst. Ich habe nicht mehr die Figur für … Mats, was machst du?«

»Ich zeige dir, was deine Figur bei mir auslöst.«

»Nicht jetzt, sie können jeden Moment zurückkommen.«

»Dafür hat man Schlüssel erfunden.«

Ich hatte natürlich die richtige Vorahnung. Mitten in unserem Liebesspiel höre ich die Bande kommen und die Türklinke bewegt sich geräuschvoll nach unten.

»Warum hast du abgeschlossen, Mama? Mach auf!«

»Wir ziehen uns gerade um. Hör auf zu drängeln, Finn. Wir kommen gleich.«

Rasch ziehe ich mir Short und T-Shirt über und gebe Mats zu verstehen, dass auch er sich etwas anziehen soll.

»Wie denn?«, zischelt er zurück und deutet zwischen seine Beine. Ich muss lachen und sage, dass ich ihm dabei jetzt nicht behilflich sein kann. So leid es mir auch tut. Breit grinsend gehe ich in die Küche, wo Roman und Ivonne einen Einkaufszettel schreiben.

»Hat Mats Getränke mitgebracht?«

»Wein und Bier, soviel ich weiß. Wollt ihr jetzt zum Supermarkt?«

»Ja, sollen wir dir etwas mitbringen?«

»Das nicht, aber ihr könntet die Kinder mitnehmen. So für eine halbe Stunde?«

Ivonne lächelt und Roman wirft mir einen bitterbösen Blick zu.

»Kommt mit, Kinder. Ich gebe ein Eis aus.«

»Danke«, rufe ich ihnen hinterher. Zwar gebe ich Laura noch immer recht: Patchwork ist Mist, aber in diesem Fall überwiegen die Vorteile.

Ella - Weißt du noch?

Wenn Roman und Ivonne schon für den Einkauf sorgen, dann will ich mich wenigstens zum Kochen anbieten.

»Nicht nötig, Ella. Ich mache das gern«, erwidert die Hausherrin.

»Doch, mach ruhig«, wirft Roman ein. »Das ist eine ausgezeichnete Idee! Bei dem Gedanken an dein Gulasch läuft mir das Wasser im Mund zusammen. Mach es doch wieder im Ofen! So wie früher, weißt du noch? Dann können wir den Nachmittag im Freien verbringen und du stehst nicht die ganze Zeit am Herd.«

Roman erntet einen bösen Blick von Ivonne und sie verlässt eingeschnappt die Küche. Ob das nun unbedingt sein musste, will ich von ihm wissen, aber er ist sich keiner Schuld bewusst. Gemeinsam holen wir die Getränke aus Mats Wagen.

»Und was ist mit dem Koffer? Soll der auch ins Haus?«

»Nein, der kann im Wagen bleiben. Da sind nur Mats Muster-Medikamente drin.«

Roman fragt, wer Wein und wer lieber ein Bier

trinken möchte. Wir entscheiden uns alle für ein Glas Weißwein. Alle?

»Solltest du in deinem Zustand nicht besser auf Alkohol verzichten?«

»Warum?«

»Na, ich denke du bist in anderen Umständen. Sagtest du das gestern nicht zu uns?«

»Ich habe nicht gesagt, dass ich schwanger bin, sondern nur, dass es wohl bald ein Geschwisterchen geben wird. Also schenk ein und mach Striche, Ella.«

Hätte sie das gleich gesagt, hätte sie meiner Tochter eine Menge Kummer und mir eine schlaflose Nacht erspart. Ich werde das Gefühl nicht los, dass das genau ihre Absicht war. Roman macht den Vorschlag, Dart zu spielen. Eine wirklich blöde Idee, findet Finn, denn er kann doch seinen rechten Arm gar nicht bewegen.

»Wenn ich es richtig gesehen habe, dann stehen im Schuppen einige Angeln. Wenn du magst, können wir morgen zum Fischen gehen.«

»Warum nicht jetzt gleich, Mats?«

»Weil wir erst Würmer und andere Köder besorgen müssen. Aber wir können uns das Angelzeug zumindest schon einmal ansehen.«

Team Mats verschwindet im Schuppen und Team

Roman wirft Pfeile auf eine Scheibe. Und ich? Ich schaue dabei zu, wie Ivonne sich mit Chardonnay abfüllt.

Sie verschläft das Essen und ihr entgeht mein weltberühmtes Ofen-Gulasch.

»Früher hast du schärfer gekocht«, kommentiert Roman mein Essen.

»Früher haben es die Kinder auch nicht mitgegessen. Sie bekamen stattdessen immer Pfannkuchen. Sag bloß, das weißt du nicht mehr? Wo du dich doch sonst an alles erinnern kannst.«

»Ich meinte ja nur, dass du es früher selbst gern heiß und extra-scharf mochtest.«

»Wenn es dir zu nüchtern ist, dann würze nach!«

»Wegen meiner Kinder brauchst du nicht auf Chili zu verzichten. Sie sind doch keine Weicheier. Sie kommen schließlich ganz nach ihrem Vater. Oder ist Mats der Grund für deine Schonkost?«

»Keine Sorge, Roman«, schaltet Mats sich ein. »Ich mag es auch heiß und scharf. Wie scharf, kann Ella dir bei passender Gelegenheit ja mal erzählen.«

Ich bin mir nicht sicher, ob sich das Gespräch tatsächlich noch um mein Essen dreht.

»Guten Appetit«, wünsche ich und werfe den

beiden Kampfhähnen einen bösen Blick über den Tisch zu. »Wollen wir nach dem Essen noch einen Spaziergang machen?«

Das war zu schwammig ausgedrückt und ich präzisiere schnell: »Was meinst du, Mats, hast du noch Lust, mit mir eine Runde um die Häuser zu drehen?«

»Ja, zeig ihm unser altes Haus. Das, in dem wir früher unsere Ferien verbracht haben. Weißt du noch, Ella? Ihr braucht nur den Tyttebærvei hinunter zu gehen und rechts in den Blábærvei einzubiegen. Das dritte Haus auf der linken Seite ist unser altes Domizil. Du wirst es bestimmt gleich wiedererkennen.«

»Ich weiß wo das ist, Mama. Ich komme mit und zeige euch den Weg.«

»Bleib du nur hier, Laura«, meint Roman. »Bestimmt will deine Mutter lieber mit Mats allein gehen. Da würdest du nur stören.«

»Auf gar keinen Fall störst du!«, mischt sich Mats ein. »Ich finde es toll, wenn du Lust hast, Ella und mich zu begleiten. Und was ist mit dir, Finn?«

Ich räume den Tisch ab und zeige Roman einen Stinkefinger. So nicht, mein Lieber. Mats und die Kinder ziehen sich nebenan die Schuhe an. Eine gute Gelegenheit, Roman allein in der Küche den Marsch zu blasen.

»Was sollte das? Warum hetzt du Laura gegen Mats auf? Lass das künftig, oder ich bin weg. Schneller als du gucken kannst!«

»Ich habe doch gar nichts gesagt!«

»Du versuchst seine Bemühungen, sich mit den Kindern anzufreunden, zu torpedieren. Glaubst du tatsächlich, ich hätte es nicht gemerkt?«

»Schimpf nicht mit mir! Küss mich lieber!«

»Roman?«

»Können wir?«, kommt Mats fragend in die Küche.

»Ja, wir können.« Wir müssen sogar! Denn ich muss hier ganz schnell raus, bevor ich einen Ausraster bekomme. Laura läuft aufgeregt den Preiselbeerweg hinunter, um dann rechts in den Blaubeerweg abzubiegen. Freudestrahlend steht sie vor dem besagten Haus, das zurzeit unbewohnt ist. Sie besteht darauf, in die Fenster zu schauen und erklärt Mats haarklein, in welchem Zimmer sie früher geschlafen hat, dass es im Garten eine Sauna gibt und dass man vom Wohnzimmer einen viel schöneren Blick aufs Meer hat. Finn schwört, dieses Haus noch nie gesehen zu haben.

»Du warst noch zu klein, um dich daran erinnern zu können.«

Ich erinnere mich noch gut. Es waren himmlische Sommerferien. Roman gab mir das Gefühl, eine geliebte und begehrenswerte Frau zu sein. Ich war eine glückliche Mutter. Mein ganzes Leben war rund und ich war vollkommen zufrieden. Die Erinnerung an den letzten Urlaub in diesem Haus kann ich nur als vollkommenes Glücksgefühl beschreiben. Ja, so fühlte sich früher Glück für mich an. Aber das war, bevor Roman sich entschied die Automarke zu wechseln.

Ich wollte nicht, dass Mats meinen Seufzer hört. Er ist mir einfach so entwichen. Aber statt garstig darauf zu reagieren, nimmt er meine Hand und drückt sie ganz fest. Er schenkt mir ein zuversichtliches Lächeln und ich weiß, dass auch die Zukunft schöne Momente für mich bereithalten wird.

Als wir zurückkommen, weilt Ivonne auch wieder unter den Lebenden. Sie liegt allein auf dem Sofa und ist in ein Buch vertieft. Laura fragt ihren Vater, ob sie den Fernseher anstellen darf.

»Keine gute Idee, Prinzessin. Wir wollten im Urlaub doch darauf verzichten. Frag Mama, ob sie uns wieder eine ihrer spannenden Geschichten erzählt. Das hat sie früher immer gemacht, weißt du noch?«

»Ich erzähle den Kindern abends schon lange keine Geschichten mehr.«

»Warum nicht? Es war ein so schöner Brauch.«

»Vielleicht liegt es daran, dass ich als alleinerziehende Mutter nach einem anstrengenden Arbeitstag, dem Haushalt und dem ganzen Drumherum einfach zu müde bin, um mir noch spannende Geschichten auszudenken.«

»Dürfen wir nun noch fernsehen?«

»Ja, eine halbe Stunde und dann Zähne putzen«, bestimme ich. Roman zieht ein Gesicht. Ich weiß, dass es ihm missfällt, dass ich mich über seinen Willen hinweggesetzt und ein Machtwort gesprochen habe. Aber er schmollt nur kurz. Er will wissen, wie es denn erst werden soll, wenn ich wieder voll berufstätig bin, denn es ist meine feste Absicht, mehr zu arbeiten, sobald Finn nach den Ferien in die Schule kommt.

»Worauf müssen sich unsere Kinder denn dann einstellen? Wird es dann statt Abendessen nur noch eine Tüte Chips vor der Glotze geben? Du weißt, was ich von deiner Idee halte, mehr zu arbeiten. Nämlich nichts!«

»Hast du einen Knall?«, bricht es aus mir heraus.

»Nein, Ella, und du brauchst jetzt auch nicht laut zu werden. Wir waren uns immer einig darüber, dass du dich ganz um die Familie kümmerst.«

»So, waren wir uns einig darüber? Wann war denn das? Bevor oder nachdem du uns hast sitzen lassen? Glaubst du tatsächlich, ich könnte die Kinder mit deinen mickrigen Unterhaltszahlungen durchbringen?«

»Ich zahle so viel ich kann!«

»Und ich tue alles was in meiner Macht steht. Also hör auf, mir ein schlechtes Gewissen einzureden!«

Ich bin auf hundert und könnte ihm an die Gurgel gehen. Als Ivonne sich auch noch einmischt, stehe ich kurz vor der Explosion.

»Ich finde, Roman ist, was finanzielle Dinge angeht, sehr großzügig. Ihm jetzt Vorhaltungen zu machen, ist wirklich ungerecht von dir.«

»Was weißt denn du? Werde erst einmal selber Mutter! Statt uns hier die freudige Schwangere vorzuspielen kannst du dich ja mal allein um zwei Kinder kümmern. Und nicht nur jedes zweite Wochenende oder im Urlaub. Der Alltag ist nämlich viel spannender. Da warten die richtigen Herausforderungen!«

Ich könnte ihr erzählen, wie es ist, wenn erst ein Kind erkrankt und gleich danach das andere. Wie ich mich fühle, wenn ich mich bei meinem Chef wieder und wieder entschuldigen muss, weil ich immer noch nicht zur Arbeit kommen kann. Dass bei uns, obwohl ich das Geld penibel einteile, kurz vor Ultimo doch wieder Ebbe in der Kasse ist. Wie es ist, wenn mir die eigene Tochter sagt, dass sie neue Schuhe braucht, weil ihre drücken und ich sie auf den nächsten Monat vertrösten muss. Ich könnte ihr hundert Situationen schildern, aber Mats bremst mich aus und zieht mich auf seinen Schoß. Zärtlich drückt er sein Gesicht auf meinen Rücken und sein warmer Atem hilft mir, mich langsam zu beruhigen. Seine Arme umklammern mich fest und er flüstert mir leise ins Ohr, dass er doch den Kindern eine Geschichte erzählen könnte. Vermutlich hat Roman es gehört und kommt ihm zuvor.

Nun sitzen wir allein auf der Terrasse und ich nutze den ungestörten Moment und frage Mats, warum er sich das antut.

»Wir hätten es uns so schön machen können in Hamburg. Ohne meinen Ex und die Scheinschwangere …«

»Aber auch ohne deine Kinder! Du hast es gerade

selbst gesagt: Der Alltag hat es in sich. Also besser, wir kommen uns in entspannter Umgebung näher.«

»Du findest es hier entspannend?«

»Eher aufschlussreich. Dich mal von einer ganz anderen Seite zu erleben, hat schon was.«

»Was meinst du?«

»Na, dein Temperament, wenn es um die Kinder geht. Dann verwandelst du dich von einer sanften Frau in eine wild fauchende Löwenmutter.«

»Und das ist nicht gut, oder?«

»Nicht gut? Ich steh total auf wilde Löwinnen.«

»Ja, ich mag dich auch!«

Ella - Bratfisch oder Spiegeleier

Mats hält bis acht Uhr morgens durch. Dann steht er leise auf und flüstert mir im Halbschlaf zu, dass er freiwillig zum Bäcker geht. Aus dem Kinderzimmer nebenan klingen auch schon Stimmen und ich beschließe aufzustehen. Ohne Morgenmantel, denn der hängt bei mir zu Hause im Bad, gehe ich in die Küche und setze Wasser für Tee und Milch für Kakao auf. Danach fülle ich die Kaffeemaschine. Laura begrüßt mich mit Küsschen und hilft mir dabei, den Tisch zu decken. Finn weckt seinen Vater, der kurz darauf hinter mir steht und mir in den Nacken flüstert, wie sexy ich in meinem Nachthemd aussehe. Dabei streicht er mit seiner flachen Hand über meinen Po. Ich komme nicht dazu, ihn in die Schranken zu weisen, denn Ivonne stößt laut gähnend zu uns.

»Soll ich Brot und Brötchen holen?«, fragt sie.

»Mats ist schon unterwegs. Er kann nicht lange schlafen und hat sich angeboten fürs Frühstück einzukaufen.«

»Hoffentlich bringt er Butter mit. Die ist nämlich aus.«

Ich versuche ihn auf dem Handy zu erreichen, aber sein Telefon klingelt laut. Es liegt auf dem Stubentisch.

»Dann laufe ich schnell zum Supermarkt. So habe ich meine tägliche Joggingrunde gleich hinter mir«, bietet Ivonne an. Mir ist nicht wohl bei dem Gedanken, mit Roman allein im Haus zu sein und meine Befürchtungen bestätigen sich bereits, bevor Ivonne den Tyttebærvei erreicht hat.

»Ich hab euer Gespräch gestern Abend belauscht. Du sagtest ihm, dass du ihn magst. Mehr ist es nicht?«

»Roman, hör auf. Es geht dich nichts an.«

»Ella, du liebst ihn nicht! Nicht so wie du mich geliebt hast. Stimmt's?«

»Stimmt. Es ist anders.«

»Wie ist es?«

»Ein letztes Mal, hör auf damit!«

»Schieß ihn in den Wind und lass uns einen Neuanfang machen. Wir waren so glücklich!«

Er presst seinen Körper dicht an meinen. Als er versucht, mich zu küssen, befreie ich mich und gehe drei Schritte zurück.

»Achte auf die Milch! Ich gehe jetzt ins Bad.«

»Denk doch auch mal an die Kinder!«

»An die Kinder? An die Kinder hättest du damals

denken sollen!«

»Heute bin ich schlauer!«

Ich will das nicht hören! Unter der heißen Dusche versuche ich meine Gedanken zu ordnen. Ohne großen Erfolg, denn die Kinder klopfen bereits nach wenigen Minuten und sagen, dass ich zum Frühstück kommen soll

»Mats hat Würmer gekauft«, verkündet Finn freudestrahlend. Lecker. Beim Gedanken an Würmer vergeht mir mein ohnehin nicht vorhandener Appetit ganz.

»Ihr wollt also wirklich zum Angeln gehen? Und was machen wir heute?«, frage ich meine Tochter.

»Ivonne will eine Fahrradtour mit mir machen.«

Das bedeutet, dass ich mit Roman allein bin? Auf keinen Fall! Auf gar keinen Fall!

»Fahrradtour klingt gut. Darf ich euch begleiten?« Aber meine Bitte scheitert daran, dass nicht genügend Räder vorhanden sind. Dann schließe ich mich notgedrungen den Anglern an.

»Mats sagt, Frauen stören nur beim Angeln. Weil sie ewig quatschen und dann beißen die Fische nicht an.«

»Na, du bringst meinem Sohn ja tolle Weisheiten bei!«, empöre ich mich. Roman grient. Vermutlich hofft er, dass wir uns jetzt streiten werden. Aber da kennt er uns schlecht.

»Wenn Angeln ein reines Männervergnügen ist, dann solltet ihr es zu dritt machen und Roman mitnehmen.«

»Und was hast du vor?«

»Ich nehme ein Sonnenbad in den Dünen, ganz allein und ungestört!«

Statt Bratfisch gibt es Bratkartoffeln mit Spiegelei. Nicht, dass die Männer nichts gefangen hätten. Mein Spross bestand darauf, die kleinen, süßen Babyfische wieder zurück in die See zu werfen. Ich bin nicht traurig darüber, denn Fische auszunehmen gehört nicht gerade zu meinen Lieblingsbeschäftigungen. Während Ivonne und ich uns ums Abendessen kümmern, sitzen die Männer auf der Terrasse und unterhalten sich. Angeregt! Bei einer Flasche Bier höre ich sie abwechselnd lachen.

»Dein Mats ist zu nett«, sagt Ivonne bereits zum zweiten Mal. »Irgendwie ist es doch schön, dass sich nun alles zum Guten wendet. Ich bin glücklich mit Roman und du bist auch nicht mehr allein. Es tut richtig gut, kein schlechtes Gewissen mehr haben zu müssen, denn du hast uns immer leidgetan. Aber das ist ja nun überstanden. Und weißt du was, Ella? Wir könnten richtig gute Freundinnen werden.«

Und weißt du was, Ivonne? Du bist komplett ahnungslos! So ahnungslos wie ich es zu Beginn eurer Affäre war. Allerdings hält sich mein Mitleid mit dir in Grenzen. Schließlich warst du der Grund, weshalb unsere Familie zerbrach. Noch vor einem Jahr hätte es mir großes Vergnügen bereitet, dir von Romans Liebesbeichte zu berichten. Dir ins Gesicht zu sagen, dass du nicht mehr als eine Bums-Geschichte für ihn warst und er wieder zu seiner Familie zurück will. Vor einem Jahr hätte ich ihn vermutlich wieder mit offenen Armen empfangen. Ihm verziehen und versucht, zu vergessen. Aber heute? Auch heute werden wir keine beste Freundinnen. So viel ist klar.

Die Kinder stellen den Spiele-Koffer auf den Tisch. Ihre Wahl fällt auf Mensch-ärgere-Dich-nicht. Gut, dass hier nur vier Mitspieler benötigt werden, denn ich bin kein Fan von Gesellschaftsspielen und drücke mich, wann immer es geht. Heute geht es und ich lasse Mats und Ivonne den Vortritt. Mit einer dicken Strickjacke mache ich es mir auf der Terrasse gemütlich und schaue in den sternenklaren Himmel, als Roman sich mit einer Kanne Tee dazu gesellt.

»Magst du auch? Es ist Roibuschtee mit Vanille.«

Ich nicke und nehme ihm den heißen Becher aus der Hand. Dabei berühren sich unsere Hände und sein Blick verrät mir gleich, was jetzt kommt. Ich soll ihm bestätigen, dass es eine gute Entscheidung war, einige Tage hier zusammen zu verbringen.

»Uns wieder in Eintracht zu sehen, hat den Kindern richtig gut getan.«

»Du willst über die Kinder sprechen?«

»Auch.«

Seine Stimme wird leiser und er blickt kurz ins Wohnzimmer, um sich zu vergewissern, dass wir nicht belauscht werden. Alle Spieler konzentrieren sich auf das Würfelspiel. Roman greift in seine Hosentasche und legt eine Packung Zigaretten und sein Feuerzeug auf den Tisch. Das goldene Cartier-Feuerzeug, das ich ihm einst zum Geburtstag geschenkt habe. Wenn er jetzt wieder sagt: »Weißt du noch?«, dann bekomme ich einen Schreikrampf. Aber er fragt mich, ob ich ihm je verzeihen könnte. Er bekommt keine Antwort und ich nehme mir auch eine Zigarette aus der Schachtel. Als wir den ersten Rauch in die kühle Abendluft pusten, hören wir Ivonne, die sich vom Stuhl erhebt und ruft, dass wir wenigstens die Tür schließen sollten, wenn wir unbedingt rauchen müssten. Jetzt ist die Tür zu und Roman setzt seine Befragung ungestört fort.

»Wie gut kennst du Mats? Was weißt du von ihm?«

»Genug, um zu wissen, dass wir gut zueinander passen.«

»Das reicht mir nicht!«

»Was willst du hören?«

»Ich will wissen, warum er sich so bei Finn ins Zeug legt. Das ist doch nicht normal. Du hättest ihn heute beim Angeln sehen sollen. Wenn du mich fragst, ist sein Interesse an unserem Kleinen ziemlich fragwürdig.«

»Was willst du denn damit sagen?«

»Man hat es ja schon so oft gelesen, dass sich diese Art von Männern bewusst Frauen mit kleinen Kindern suchen.«

»Spinnst du jetzt total?«

»Ich mache mir nur Sorgen. Das wird ja wohl noch erlaubt sein.«

»Deine Unterstellung ist ungeheuerlich! Und absurd noch dazu! Du kannst es dir vielleicht nicht vorstellen, aber Mats vorrangiges Interesse gilt mir.«

»Sag später nicht, ich hätte dich nicht gewarnt!«

»Es reicht, Roman. Du gehst entschieden zu weit.«

»Hat er etwa vor bei dir einzuziehen?«

Genug ist genug. Ich zeige dem Vater meiner Kinder einen Vogel und beende das Verhör. Aber Roman setzt noch einen drauf.

»Schau doch nur! Er sitzt drinnen am Tisch und blickt nicht einmal zu uns nach draußen. Es interessiert ihn gar nicht, was wir hier anstellen. Ich könnte dich jetzt küssen oder dich wild auf dem Tisch nehmen, ohne dass er es mitkriegt.«

»Er ist eben nicht so eifersüchtig wie deine Ivonne. Außerdem würde ich mich weder freiwillig von dir küssen lassen, noch würde es zwischen uns zu weiteren Handlungen kommen. Mats weiß das, deshalb ist er so entspannt. Reicht dir das als Erklärung?«

»Ella, ich liebe dich.«

»Das tust du nicht, Roman. Du erträgst es nur nicht, mich mit einem anderen Mann glücklich zu sehen.«

»Falsch! Ich liebe dich noch immer und jeden Tag mehr. Bitte komm zurück zu mir. Lass uns wieder als Familie zusammenleben.«

»Es ist zu spät. Gesteh dir endlich ein, dass unser Zug abgefahren ist.«

»Du lügst! Ich weiß, dass du auch für mich noch etwas empfindest.«

»Ich hasse dich nicht mehr! Das ist das Einzige, was ich über meine Gefühle zu dir sagen kann.«

»Liebe verlernt man nicht! Es ist wie Radfahren. Du bist nur aus der Übung. Gib uns eine Chance und du wirst sehen, dass deine Gefühle auch wieder zurückkommen.«

Ich schicke die Kinder ins Bad zum Zähneputzen. Ob wir wieder gestritten haben, will Ivonne wissen. Ich nenne es nicht Streit, sondern eine kontroverse Unterhaltung. Erst als die Kinder schlafen und wir zusammen am Tisch sitzen und ein Glas Wein trinken, antworte ich auf Mats Nachfrage, wer oder was für meine angekratzte Stimmung verantwortlich ist. Ich habe keine Lust, irgendwelche Ausreden zu erfinden und sage es gerade heraus.

»Mein Ex-Mann hält dich für pädophil und es wäre gut, wenn du ihm kurzfristig ein polizeiliches Führungszeugnis vorlegen könntest, damit er sicher sein kann, dass du kein vorbestrafter Kinderschänder bist.«

Damit hat Roman nicht gerechnet. Völlig entrüstet schaut er mich an. Vermutlich wartet er darauf, dass ich es zurücknehme und für einen missglückten Scherz hinstelle. Aber da hat er sich gewaltig geirrt.

»Ella? Das habe ich so gar nicht gesagt!«

»Hast du nicht?«

Mats lenkt ein. Er zeigt tatsächlich Verständnis für Romans abstruse Vermutung und verblüfft mich mal wieder mit seiner Souveränität. Dieser Mann scheint sich durch nichts aus der Ruhe bringen zu lassen. Selbst diese Ungeheuerlichkeit prallt an ihm ab. Er lächelt mir milde zu und greift meine Hand.

»Ich kann ihn verstehen! Er ist der Vater und nun komme ich und platze in euer Leben. Ich denke, es ist sein gutes Recht zu erfahren, wer ich bin. Letztendlich sind wir doch nur aus diesem Grund hier zusammen, oder?«

Ich denke, der Grund für unser Beisammensein ist eher der, dass Roman versucht, mich mit aller Macht zurückzugewinnen. Am liebsten würde ich meine Koffer packen und sofort nach Hause fahren. Mats würde mir hoffentlich zustimmen, wenn er wüsste, welchen Annäherungsversuchen ich schon ausgesetzt war. Ivonne würde mich in hohem Bogen rauswerfen, wenn sie wüsste, dass Roman versucht, die Fronten zu wechseln. Aber ich denke, ich habe heute schon genug ausgeplaudert.

Ella - Bewährungsprobe

Auch ohne Wecker ist Mats Punkt halb sieben wieder wach. Durch sein intensives Betrachten weckt er auch mich.

»Warum schaust du mich so an?«

»Schlaf weiter, Schatz. Ich mache jetzt einen Strandlauf.«

»Bleib hier«, bettle ich und halte ihn am Arm fest. Es gelingt mir, ihn noch näher an mich zu ziehen, sodass meine Hände mühelos unter sein Shirt wandern können.

»Lass uns kuscheln.«

»Ich kann nicht. Ich bin mit Ivonne zum Joggen verabredet.«

»Dann sag ab, bitte.«

»Du sollst dich ausschlafen.«

Es nützt nichts. Er steht auf und kleidet sich vor meinen Augen an. Ich habe keine andere Möglichkeit und nenne ihm den wahren Grund, weshalb ich nicht möchte, dass er geht.

»Ich will nicht mit Roman allein im Haus sein.«

Nun kommt er noch einmal zurück und setzt sich zu mir aufs Bett. Ich kann seinen Blick nicht deuten. Mit beiden Händen umklammert er mein Gesicht und seine Frage bringt mein Herz zum Rasen.

»Du weißt nicht, ob du seinem Werben nachgeben sollst, stimmt's?«

»Welchem Werben? Wieso nachgeben? Was meinst du?«

»Ich bin nicht blind, Ella.«

»Lass uns abreisen, bitte!«

»Damit du deine Entscheidung noch weiter hinauszögern kannst? Nein, auf keinen Fall. Entweder wir bestehen diese Bewährungsprobe, oder wir hatten nie eine Chance.«

»Ich hab mich doch längst entschieden! Für uns, Mats!«

»Ich bringe Brötchen mit. Also bis später.«

Er nimmt seine Turnschuhe vom Boden und verlässt leise den Raum.

Wenn er denkt, dass ich jetzt noch ein Auge zumachen kann, dann irrt er sich aber gewaltig. Die beiden Jogger haben das Haus verlassen, denn der laute Türknall war nicht zu überhören. Im Wohnzimmer nehme ich schon Schritte wahr. Also schleiche ich mich heimlich ins Kinderzimmer und krieche zu meinen Sprösslingen ins Bett. Hier sollte ich wohl in Sicherheit sein.

»Viermal Kakao«, tönt es wenig später und Roman steht mit einem Tablett in der Tür.

»Rutsch rüber, Prinzessin, und lass mich auch unter die Decke.«

»Papa, du hast eiskalte Füße!«

»Vielleicht wärmt eure Mama sie mir ein bisschen?«

»Was soll das, Roman? Treib es nicht auf die Spitze!«

»Ich will etwas mit den Kindern besprechen. Also bleib einen Moment. Es geht auch dich etwas an.«

Er beginnt seine Ansprache damit, Laura und Finn zu sagen, wie lieb er sie hat und wie schön es ist, sie im Urlaub einmal länger als nur zwei Tage zu haben.

»Ein Leben ohne euch kann und will ich mir nicht vorstellen. Ihr seid die wichtigsten Menschen für mich. Gestern habe ich eure Mutter gefragt, ob sie mich noch genauso lieb hat, wie ich sie lieb habe ...«

»Und ich habe nein gesagt«, unterbreche ich ihn aufgebracht und verlasse das Zimmer. Wie kann er es nur wagen, die Kinder da mit reinzuziehen? Nein, jetzt ist er endgültig zu weit gegangen.

Beim Frühstück spreche ich kein Wort. Ich habe

das Gefühl, dass sich alle am Tisch gegen mich verschworen haben. Selbst die Kinder strafen mich mit Missachtung. Ich weiß nicht, was Roman ihnen noch alles gesagt hat, aber es hat gereicht, um sie gegen mich aufzubringen. Sie wollen nicht mit mir zum Strand, sondern bei ihrem Papa bleiben. Selbst Finn schlägt den Vorschlag aus, draußen im Garten Fußball zu spielen. Nun bleibt auch Mats die angespannte Stimmung am Tisch nicht länger verborgen. Nach einer Tasse Tee und einer halben Scheibe Brot schlägt er vor, ohne die Kinder aufzubrechen.

»Solltet ihr noch Lust bekommen, dann wisst ihr ja, wo ihr uns finden könnt. Wir suchen uns einen Platz in der Nähe vom Angelsteg.«

Was heute Morgen vorgefallen ist, will er von mir wissen, als wir durch die Dünen gehen. Ich sage es, wie es ist.

»Ich habe keine Ahnung. Roman hat Kakao gemacht und mit den Kindern in ihrem Zimmer gesprochen. Was genau, weiß ich wirklich nicht, denn ich habe den Raum verlassen.«

»Dann wird er es ihnen heute Morgen gesagt haben.«

»Was gesagt haben? Was weißt du, was ich nicht

weiß?«

»Er will, dass die Kinder künftig bei ihm leben.«

»Woher weißt du das?«

»Yvonne hat es mir heute Morgen beim Joggen erzählt.«

»Das kann er sich abschminken. Dem werde ich nie und nimmer zustimmen, das sollte er eigentlich wissen.«

Ich habe den Satz noch nicht ganz ausgesprochen, da fällt es mir wie Schuppen von den Augen.

»Nun wird mir einiges klar! Weil er genau weiß, dass ich ihm die Kinder nie im Leben freiwillig geben würde, hat er mir dieses ganze Theater vorgespielt.«

»Welches Theater?«

»Er hat mich gebeten, ihm zu verzeihen und uns eine zweite Chance zu geben.«

»Das erstaunt mich nicht. Damit habe ich fest gerechnet. Und was hast du ihm geantwortet?«

»Natürlich nein! Was denkst du denn?«

»Ich denke, dass Roman ein ziemlich falsches Spiel treibt. Wenn es stimmt, was Ivonne sagt, dann beabsichtigt er schon länger, die Kinder zu sich zu nehmen. Sie soll ihren Job kündigen und sobald er keinen Unterhalt mehr zahlen muss, stünde auch ihrem Babywunsch nichts mehr im

Weg.«

»Dieser Schuft! Er hält sich tatsächlich alle Türen offen.«

Ich muss Mats versprechen, das Thema Roman für die nächsten Stunden auszublenden und stattdessen in seinen Armen die Sonne und den warmen Sand zu genießen. Richtig entspannen kann ich mich allerdings nicht. Sollte es mein Ex-Mann tatsächlich auf einen Sorgerechtsstreit anlegen, werden wir auch in naher Zukunft keine Ruhe finden. Mit einem warmen Kakao und einigen Worten über Liebe und Sehnsucht hat er die Kinder heute Morgen im Handumdrehen auf seine Seite gezogen. Eure böse Mama liebt mich nicht mehr. Ihr habt es ja selbst gehört, Kinder! Was er ihnen wohl noch alles auftischt, wenn ich nicht dabei bin? Bei Laura hat er sowieso ein leichtes Spiel und Finn ist mit Fernsehen und Geschenken leicht zu beeindrucken. Ich habe eine Heidenangst, meine Kinder zu verlieren. Am liebsten würde ich zurücklaufen, unsere Koffer packen und mit ihnen sofort nach Hamburg zurück fahren. Ich weiß aber, dass Roman das nicht gestatten wird. Schließlich hat er das Recht, sie in den Ferien zu sehen. Noch genau vier Tage stehen ihm zu. Dann hat der Spuk ein Ende und wir können endlich abreisen. Ich merke, wie mir erste Tränen über das Gesicht laufen und trotz meiner Bemühungen, sie vor Mats zu verstecken, bemerkt er sie doch. Er setzt sich auf und sieht mich mitleidig an.

»Nicht weinen, Ella. Ich bin da und stehe dir bei. Egal was passiert. Du musst da nicht mehr alleine durch.«

»Ich weiß nicht, wie ich die letzten Tage hier überstehen soll?«

»Wollen wir nach Hause fahren?«

»Das ist keine gute Idee. Wer weiß, was er ihnen alles erzählt, wenn wir nicht mehr hier sind. Die Kinder sind so beeinflussbar und dass Roman keine Skrupel hat, sie in den Streit mit hineinzuziehen, hat er heute Morgen deutlich bewiesen.«

Mit der festen Absicht, vernünftig und ganz in Ruhe mit Roman zu sprechen, gehen wir mittags zurück. Es sollte doch möglich sein, eine für alle Beteiligten akzeptable Lösung zu finden. Mats hat mir Mut gemacht. Eltern, die ihre Kinder lieben, sollten sich ohne gerichtliche Hilfe einigen können. Sollte es Roman tatsächlich nur ums Geld gehen, würde ich auch auf Unterhalt verzichten. Wir könnten zu Mats ins Haus ziehen und uns die

Miete für unsere teure Wohnung sparen. Das hätte den Vorteil, dass ich nicht in Vollzeit arbeiten müsste. Ja, das alles will ich dem Vater meiner Kinder vorschlagen. Aber als wir am Haus ankommen, ist der Audi weg. Mit ihm die Kinder, Roman und Ivonne. Völlig aufgelöst laufe ich durch das Haus und reiße alle Schränke auf.

»Sie haben alle Sachen mitgenommen.«

Ich suche nach einer Nachricht, einem Hinweis, aber ich finde nichts. Sofort nehme ich mein Handy und wähle Romans Nummer. Mailbox. Ebenso auf Lauras Handy.

»Das kann er doch nicht machen«, schreie ich hysterisch.

Ella - Das ist kein Spaß

Während der vierstündigen Fahrt nach Hamburg glaube ich, den Verstand zu verlieren. Ich bitte Mats zunächst zu Roman zu fahren, aber sein Wagen steht nicht vor dem Haus und drinnen ist alles dunkel. Zu Hause telefoniere ich sofort mit der Polizei. Aber die ist auch keine Hilfe. Sie sagen, ich müsste bis zum Tag der vereinbarten Kindesrückführung abwarten. Vorher dürften sie nichts unternehmen.

»Wenn ich so lange warte, sind sie über alle Berge!«, schreie ich den Beamten an. Auch Freunde und Verwandte haben keine Ahnung, wo Roman steckt.

»Das wird er mir büßen«, sage ich ständig und ringe immer wieder nach Luft. Nein, ich will keinen Schnaps und auch keine Beruhigungstablette aus Mats Pharma-Koffer. Ich brauche einen klaren Kopf. Laura hat ein Kinderhandy, aber weil es nicht eingeschaltet ist, kann ich es auch nicht orten.

»Und wenn er nun mit ihnen das Land verlässt? Schließlich hat er ihre Pässe.«

»Traust du ihm das wirklich zu?«

»Meine Güte, Mats, das liest man doch ständig in der Zeitung.«

Ich bitte ihn, mich zum Hamburger Flughafen zu fahren. Mit dem Foto meiner Kinder befrage ich jeden Reisenden in der Abflughalle, ob er sie gesehen hat. Als ich die Durchsage höre, dass Herr Roman Berger sich an der Information melden soll, glaube ich, dass mein Herz stehen bleibt. Wie der Blitz renne ich zum besagten Schalter, doch ich treffe nur Mats, der diese Durchsage veranlasst hat. Wir warten noch eine halbe Stunde und fahren dann unverrichteter Dinge wieder nach Hause.

Seit zwei Tagen verbringe ich die Zeit mit Warten und Hoffen. Ständig drücke ich die Wahlwiederholungstaste von Romans und Lauras Handy. Ich habe auch schon im Salon angerufen und nach Ivonne gefragt, aber man sagte mir, dass sie noch zwei Wochen Urlaub hat. Die gleiche Antwort erhielt ich von Romans Arbeitgeber.

Ich schicke Mats stündlich zu seinem Haus. Er hat bereits die Nachbarn informiert und sie gebeten, uns sofort Bescheid zu geben, sobald der Audi gesichtet wird.

»Ab morgen wird die Polizei ermitteln. Alles

wird gut, Liebling.«

»Bis morgen bin ich komplett durchgedreht.«

»Du solltest versuchen zu schlafen. Ich halte solange Telefonwache.«

»Ich kann jetzt nicht schlafen.«

»Soll ich dir doch eine Tablette geben?«

Ich stimme zu und Mats verlässt die Wohnung, um seinen Koffer aus dem Wagen zu holen. Er ist prall gefüllt mit Medikamenten gegen jedes Wehwehchen. Er enthält alles – nur keine Schlaftabletten mehr!

»Warst du an meinem Koffer?«

»Natürlich nicht! Ich sehe deinen Koffer heute das erste Mal.«

»Es fehlen drei Packungen von einem starken Hypnotikum. Ella, ich will dich nicht noch weiter beunruhigen, aber wir sollten jetzt dringend die Polizei aufsuchen!«

»Ich will sofort mit einer Beamtin sprechen!«, fordere ich lautstark auf der Wache. Vielleicht hat eine Frau ja mehr Verständnis für meine Situation und wimmelt mich nicht wieder ab. Es ist eine Polizeihauptkommissarin, der ich den ganzen Hergang lückenlos berichte.

»Ich habe meine Kinder vor drei Tagen morgens

das letzte Mal gesehen, und als wir mittags vom Strand kamen, waren alle verschwunden. Spurlos.«

Ich gebe die Personalien auf, zeige Fotos und nenne ihr das Kennzeichen vom Audi. Ich höre, wie sie mit ihren dänischen Kollegen in Esbjerg telefoniert und Datum, Uhrzeit und Kennzeichen des Wagens durchgibt.

»Lassen Sie uns zunächst sicherstellen, dass Ihre Familie die Insel überhaupt verlassen hat.« Sie gibt die Ortung der Handys in Auftrag und fragt, ob es sich um aktuelle Fotos der Kinder handelt.

»Sie sind keine drei Monate alt.«

»Und die Lebensgefährtin Ihres Ex-Mannes hat kein Telefon?«

»Doch, das hat sie bestimmt, aber ich kenne ihre Nummer nicht. Ich weiß jedoch, wo sie beschäftigt ist.«

»Wenn ich noch Fragen habe, melde ich mich bei Ihnen. Bitte fahren Sie jetzt nach Hause und lassen uns unsere Arbeit machen. Ich verspreche Ihnen, Sie auf dem Laufenden zu halten.«

Ich glaube dieser Frau. Ich vertraue dieser Frau. Aber ich weiß auch, dass es sich nicht mehr nur um eine Kindesentführung handelt. Wie oft habe ich fassungslos in den Nachrichten gesehen, dass Väter ihre Kinder umgebracht haben, nur weil die

Familie auseinandergebrochen ist. Alle Fälle der jüngsten Vergangenheit laufen wie ein Film vor meinen Augen ab. Aber Roman würde doch unseren Kindern nichts tun! Er hat sie doch lieb, oder? Aber warum hat er die Schlaftabletten aus Mats Koffer genommen?

Als mein Handy klingelt, springe ich auf und melde mich mit »Ja?«.

»Unsere dänischen Kollegen haben die Video-Bänder gesichtet. Der Audi hat erst heute die Insel gegen Mittag verlassen.«

»Waren meine Kinder auf dem Video zu sehen?«

»Nein, Frau Berger. Es war nur die Fahrerin und ein Mann auf dem Beifahrersitz zu erkennen.«

Jetzt ist es soweit. Ich bekomme einen Nervenzusammenbruch. Wimmernd liege ich auf dem Boden und rufe immer wieder: »Nein! Nein! Nein!«

»Ella, bitte!«, fleht Mats mich an. »Das bedeutet noch gar nichts. Vielleicht haben die Kinder auf dem Rücksitz geschlafen.«

»Ja, oder sie liegen tot im Kofferraum! Oh mein Gott. Ich bringe ihn um! Wenn er meinen Kindern etwas angetan hat, werde ich ihn eigenhändig erwürgen!«

Mats sagt, der Mann, der vor mir steht, wäre Dr.

Meinert, ein Notarzt, der mir nun eine Beruhigungsspritze geben wird. Ja, bitte machen Sie die Bilder meiner toten Kinder weg, die ich mir ständig vorstelle … nein, sie sind nicht tot, sie schlafen nur … aber warum schlafen sie im Kofferraum? … Da ist es doch kalt und viel zu eng … Ja, bis später meine kleinen Lieblinge.

»Ella? Wach auf! Frau Polizeihauptkommissarin Lundmann ist hier.«

»Wo sind sie? Wo sind meine Kinder?«

»Wir haben den Wagen Ihres Ex-Mannes auf der A7 kurz vor Hamburg gestoppt. Herr Berger wird im Krankenhaus behandelt und die Fahrerin haben wir zur Vernehmung auf die Wache gebracht. Sie verweigert aber jede Aussage.«

»Wo sind meine Kinder?«

»Sie waren nicht im Wagen.«

»Und was sagt mein Ex-Mann?«

»Er ist nicht vernehmungsfähig. So wie es aussieht, hat er die Schlaftabletten genommen oder einnehmen müssen. Frau Berger, wir gehen davon aus, dass Laura und Finn noch in Dänemark sind. Unsere Kollegen suchen gerade den Inhaber der Ferienhaus-Vermietungsagentur auf und fragen, in welches der Häuser sie vor drei Tagen umgezogen sein könnten.«

»Da kommt nur ein Haus in Frage, das in der Hauptsaison noch frei ist. Es liegt im Blábærvei, das dritte Haus auf der linken Seite.«

Wir werden mit einem Polizeihubschrauber geflogen und landen direkt auf der Insel. Mats, Frau Lundmann und ich werden von einem ihrer dänischen Kollegen bereits erwartet.

»Es geht ihnen gut. Ihre Kinder sind wohlauf, Frau Berger. Sie haben fest geschlafen, als wir ins Haus gingen. Wir haben sie dennoch vorsorglich ins Krankenhaus gebracht. Dort werden sie untersucht und warten schon gespannt auf Ihr Kommen.«

In diesem Moment habe ich mich nicht mehr unter Kontrolle. Ich weine hemmungslos und schluchze vor Erleichterung. Nein, vor Glück und Dankbarkeit! Es ist Laura, die mir zuerst in die Arme springt. Sie weint und fragt nach ihrem Vater.

»Geht es Papa wieder gut? Er war krank und Ivonne hat ihn ins Krankenhaus gefahren. Aber nicht in dieses. Ich habe den Doktor gefragt, aber er kennt Papa nicht.«

»Keine Sorge, Schatz. Dein Vater ist in Hamburg in der Klinik. Aber nun sag doch mal, warum seid ihr überhaupt umgezogen? Als Mats und ich vom Strand wieder kamen, war niemand mehr da.«

»Nur weil ich geplappert habe«, gesteht Finn.

»Ich habe Ivonne erzählt, dass Papa dich immer noch lieb hat und wieder nach Hause kommen will. Da ist sie richtig wütend geworden und hat laut geschimpft.«

»Ja, und kurz darauf ist Papa ohnmächtig geworden«, berichtet Laura weiter. »Dann hat Ivonne unsere Sachen gepackt und ist mit uns in das alte Haus umgezogen. Sie hat gesagt, dass Papa nur da wieder aufwachen kann. Aber er ist nicht wieder aufgewacht. Und heute Morgen hat sie gesagt, dass er krank ist und sie ihn ins Krankenhaus fahren muss.«

»Warum hast du mich nicht angerufen, Schatz? Du kennst doch unsere Nummer.«

»Ivonne hat mir das Handy weggenommen, und als ich dich vom anderen Telefon aus anrufen wollte, da meldete sich immer nur ein Mann, der mich nicht verstanden hat.«

Natürlich! Ich habe meinen Kindern unsere Rufnummer eingebläut, allerdings ohne die Ländervorwahl.

»Es wird alles wieder gut! Jetzt geht es nach Hause.«

Ella - Mehr Glück als Verstand

Ja, ich gehöre zu den Frauen, die mehr Glück als Verstand haben. Glück, weil alles gut ausgegangen ist. Wenig Verstand, weil ich Roman tatsächlich zugetraut habe, dass er für das alles verantwortlich war. Er hat es ehrlich mit mir gemeint und spielte auch nicht auf zwei Hochzeiten. Gegen Ivonne läuft ein Strafverfahren. Sie spielt keine Rolle mehr im Leben meiner Lieben.

Heute wird Finn eingeschult. Es begleiten ihn seine Löwen-Mutter, sein gesunder Vater, seine vorlaute Schwester und sein bester Kumpel Mats. Aus uns ist eine harmonische Patchwork-Familie geworden. Harmonisch aber auch nur solange, bis Roman mir wieder seine Liebe gesteht. Ich bin mir sicher, irgendwann wird er begreifen, dass unsere gemeinsame Zeit als Paar der Vergangenheit angehört. Bis dahin übt Mats sich weiterhin in Toleranz. Mit Mr XXL habe ich mir wirklich einen Supermann geangelt.

Übrigens, meine Fahrradprüfung habe ich bereits mit Bravour bestanden.

Ella - Süßes oder Saures

»Süßes oder Saures?«, ruft mir ein ausgewachsener Zombie zu, als ich nach lautem Sturmläuten die Tür öffne. Es ist Roman, der in seinem uralten Halloweenkostüm steckt. Es gelingt ihm nicht, mich zu erschrecken, obwohl seine neue Horrormaske recht furchteinflößend wirkt. Er ist gekommen, um mit den Kindern um die Häuser zu ziehen. Wie so oft ist er aber zu spät. Sie haben sich bereits allein auf den Weg gemacht. Ich bitte ihn herein und frage, ob er einen Kaffee trinken möchte. Per SMS wird Laura unterrichtet, dass ihr Papa zu Hause auf sie und ihren Bruder wartet.

»Was sind das für Kartons?«, fragt er beim Blick ins Wohnzimmer. Obwohl es offensichtlich ist, dass es sich um Umzugskartons handelt, wiederholt er seine Frage.

»Du hast tatsächlich die Wohnung gekündigt und willst zu Mats ziehen?«

»Es ist doch idiotisch, zwei Haushalte zu führen«, versuche ich meinen Entschluss zu rechtfertigen. An der Art, wie er den Kopf neigt, kann ich erkennen, dass ihm unser Plan missfällt. Schließlich werden wir über die Elbe ziehen, ans andere Ende der Stadt. Demzufolge werden wir auch nicht mehr von jetzt auf gleich erreichbar sein. Wortlos geht er durch die Zimmer. Ob ich überhaupt eine Ahnung habe, wie viel Mühe und Liebe in diesen Räumen steckt, will er von mir wissen. Wenn ich ihm jetzt auch noch gestehe, dass wir die Hochbetten, die er einst für die Kinder selbst gebaut hat, auf den Sperrmüll stellen werden und die beiden sich schon längst neue im Möbelhaus ausgesucht haben, dann würde ich ihm für heute den Rest geben. Also halte ich lieber meinen Mund.

»Warum zieht Mats nicht hier ein? Willst du Laura und Finn tatsächlich einen Schulwechsel zumuten?«

»Das ist nicht nötig. Sie werden zukünftig zur Schule gefahren und auch wieder abgeholt.«

»Du willst sie täglich kutschieren? Wie soll das gehen?«

»Das wird sich schon einspielen.«

»Das ist verrückt, Ella. Es wäre so viel einfacher, wenn alles beim Alten bleibt.«

»Mats soll deiner Meinung nach sein Haus verkaufen, um hier mit uns auf drei Zimmern zur Miete zu wohnen? Roman, du spinnst!«

»Oh, ich vergaß. Mr Supermann hat ja Eigentum.«

»Zur Hälfte gehört das Haus noch der Bank«, lacht Mats, der gerade mit seinem Schlüssel die Tür öffnet und mich im Flur mit Küsschen begrüßt. »Schönes Kostüm, Roman. Ich empfehle dir, die Maske auch im Alltag zu tragen. Die blutige Narbe auf deiner Stirn macht dich sympathischer und hilft dir vielleicht dabei, endlich eine neue Frau zu finden, statt hier dauernd …«

»Mats! Bitte!«

Ich bin es leid, ständig zwischen den beiden schlichten zu müssen. Immerhin verzichten sie auf ihre Kabbeleien, wenn die Kinder dabei sind. Dann machen sie einen auf beste Buddies und sind die Freundlichkeit in Person.

»Wann soll denn der große Umzug stattfinden?«, will Roman wissen.

»Vor Ende November komme ich nicht aus dem Vertrag«, informiere ich ihn.

»Das heißt, Weihnachten findet dann schon in der noblen Villa statt?«

»Ja, aber es ändert nichts an unserem Plan. Heiligabend feiern wir zusammen. Stimmt's Mats?«

Im Beisein von Roman nenne ich ihn immer beim Vornamen und sage bewusst nicht Schatz oder Liebling. Was soll's? Ich will schließlich nicht noch mehr Öl ins Feuer gießen. Wenn die beiden aufeinander treffen, ist die Stimmung schon brenzlich genug. Brenzlich? Eher explosiv. Mats nickt nur und ich weiß, dass er noch immer beleidigt ist, weil ich seinem Wunsch nicht nachgegeben habe, über die Festtage mit ihm und den Kindern zu verreisen. Sicher, es hätte auch mir Spaß gemacht, mich in einem schönen Hotel verwöhnen zu lassen, tagsüber in den Bergen den Schnee zu genießen, zu rodeln oder sogar einen Skikurs zu besuchen. Aber das kann und will ich Roman nicht antun. Seit der Geschichte mit Ivonne ist er allein. Furchtbar allein, unvorstellbar allein, wie er mir täglich am Telefon berichtet, wenn er unter einem fadenscheinigen Vorwand anruft und mir ein schlechtes Gewissen macht.

»Habt ihr heute auch die Ladung zur Verhandlung mit der Post bekommen? Der Gerichtstermin ist für den 12. Januar festgesetzt worden.«

»Gestern schon. Nur ich wurde als Zeugin geladen.«

»Und die Kinder nicht?«

»Nein, und ich werde es auch nicht zulassen, dass sie sich dieser Prozedur noch einmal aussetzen müssen. Sie haben bei der Polizei ausgesagt und damit soll es gut sein. Ich will das Kapitel Ivonne endlich abhaken.«

»Dann wird diese Irre mit einer viel zu milden Strafe davonkommen«, ruft Roman aufgebracht.

»Ella hat recht«, stimmt Mats mir zu.

»Wir hätten alle draufgehen können!«, wettert Roman weiter. »Nur weil du deinen blöden Koffer nicht abgeschlossen hast! Das war leichtsinnig hoch drei von dir!«

»Es reicht, Roman. Nicht Mats ist schuld. Schließlich warst du es, der diese Frau in unser Leben gelassen hat. Und nun Themawechsel, ich höre Laura und Finn kommen.«

Meine kleine Hexe und mein kleiner Vampir stürzen in die Küche und zeigen aufgeregt ihre Ausbeute. Stolz schütten sie kiloweise Süßigkeiten in die große Schale, die auf dem Esstisch steht.

»Na dann, auf zur zweiten Runde, Kinder«, fordert Roman.

»Aber erst soll Mama noch Fotos von uns machen.«

Ich schieße drei Bilder mit meinem Handy. Danach reiche ich Roman die gepackte Tasche und den Kindern die Ranzen.

»Noch viel Spaß und nicht vergessen: Finn hat morgen erst zur zweiten Stunde«, rufe ich ihnen noch hinterher.

Mats zeigt sich erstaunt, dass die Kinder über Nacht bei ihrem Vater bleiben. Er schwört Stein und Bein, dass ich ihm kein Wort in dieser Sache beim Frühstück gesagt habe. Sein Ton klingt vorwurfsvoll und ich bestehe nicht darauf, diese banale Sache haarklein auszudiskutieren. Dafür ist mir die kinderfreie Zeit viel zu wertvoll.

»Wir haben frei und den ganzen Abend für uns. Ist das nichts? Wir könnten endlich mal wieder ins Kino gehen.«

»Etwa einen Gruselfilm anschauen? Nein danke, mein Bedarf an Horrortypen ist für heute Abend gedeckt.«

»Wir könnten uns auch etwas Erotisches ansehen«, lenke ich ein.

»Dafür muss ich nicht das Haus verlassen. Komm her und erzähl mir, wie dein Tag war.«

Endlich ist er wieder guter Stimmung. Wir besprechen, welche Möbel von mir mitkommen und welche seiner Sachen bleiben dürfen. Beim Thema Bett setze ich mich durch. Auch wir werden uns ein neues kaufen.

»Ich will gar nicht wissen, wer schon alles vor mir auf deiner Matratze gelegen hat.«

Ich amüsiere ihn und er nennt mich eifersüchtig.

»Ich bin vierzig Jahre alt und du, mein Schatz, warst nicht die erste Frau für mich. Aber ich bin mir ganz sicher, dass du die Letzte bist!«

»Das möchte ich dir auch dringend empfehlen. Du kennst mich mittlerweile gut genug. Nur ein Seitensprung ... und ich bin wieder weg.«

»Danke für die Warnung. Aber sie ist völlig überflüssig, schließlich bin ich kein Dummkopf!«

Ella - Papa ist Pauli-Fan

Nicht traurig, sondern völlig erledigt gehe ich noch einmal durch die leeren Räume unserer alten Wohnung. Mit dem letzten Karton steige ich die Stufen im Treppenhaus hinunter und winke meiner langjährigen Nachbarin zum Abschied noch einmal zu. Dieser Umzug hatte es in sich. Obwohl ich keine Expertin in Sachen Umzüge bin. In meinem ganzen Leben bin ich erst zweimal umgezogen. Heute geht es durch den Elbtunnel in unser neues Zuhause. Ich warte vor der Schule auf Laura und Finn, die gleichermaßen aufgeregt sind wie ich. Mats hat ihnen beim Frühstück eine Überraschung versprochen. Mal wieder, denn er überrascht meine Kinder ständig mit Geschenken.

»Verwöhne sie nicht so!«, habe ich schon unzählige Male zu ihm gesagt. »Es ist noch nicht Weihnachten und Geburtstag haben sie auch nicht«, schimpfe ich, wenn er wieder ein Päckchen über den Tisch reicht. Die heutige Überraschung ist nicht hübsch verpackt, sondern prangt an der Wand. Lauras Zimmer hat über Nacht einen pinkfarbenen Anstrich bekommen und ihr neues, weißes Bett wurde mit gleichfarbiger Wäsche bezogen.

»Das hast nicht wirklich du gemacht?«, frage ich verblüfft. Ich weiß, dass Mats handwerklich nicht unbedingt zu den Begabten zählt.

»Ich hatte Helfer. Und nun sag schon, Laura, gefällt es dir?«

»Es ist toll, Mats, richtig schön. Wann darf ich es meinen Freundinnen zeigen?«

Finn ist weniger begeistert. Als er das blaue HSV-Logo auf seiner Wand sieht, bricht es aus ihm heraus.

»Das gibt Ärger«, sagt er betroffen. »Papa ist Pauli-Fan.«

»Und du?«

»Ich hatte gehofft, ich bekomme einen eigenen Fernseher.«

»Ja, bestimmt Junior«, lache ich ihn aus und drücke Mats ganz fest. Laura ist zufrieden. Sie hat das größere Zimmer zur Straße bekommen. Wir stoßen alle mit einem Glas Apfelsaftschorle auf unser neues Zuhause an. Ob ich mich hier wohlfühlen werde, will Mats von mir wissen.

»Ganz bestimmt!«

Noch immer warte ich auf meine Überraschung. Er vertröstet mich und sagt, dass ich mich bis nach Mitternacht gedulden soll. Als die Kinder endlich schlafen, möchte auch ich unbedingt ins Bett. Ich bin stehend k.o. und muss morgen noch eine Stunde früher als üblich aufstehen, um die Kinder vor Dienstbeginn quer durch Hamburg zur Schule zu fahren.

»Schläfst du schon, Ella?«

»Fast.«

»Na, dann verschieben wir es auf morgen.«

Natürlich weiß ich, was morgens auf den Hamburger Straßen für ein Verkehr herrscht und ich scheuche meine Kinder, um rechtzeitig loszukommen. Wir erreichen die Schule bereits fünfzehn Minuten vor Unterrichtsbeginn und beide ziehen eine Flappe, weil sie nun noch eine Weile in der Kälte stehen müssen.

»Besser zu früh als zu spät«, rufe ich ihnen hinterher und mache mich auf den Weg zur Arbeit. Auf der Fahrt dorthin gehe ich schon in Gedanken meinen Einkauf durch. Unsere Vorräte beschränken sich auf Apfelsaftschorle, Milch und Cornflakes. Es wird also Zeit für eine Shoppingtour durch die Lebensmittelabteilung.

Sofort nach Dienstschluss steuere ich einen Supermarkt an und lade wie gehetzt alle Sachen in den Kofferraum. Eigentlich bleibt noch ausreichend Zeit, um pünktlich die Schule zu erreichen, wäre da nicht dieser Trottel von LKW-Fahrer, der die Höhenkontrolle im Elbtunnel ausgelöst hat. Nun stehe ich seit dreißig Minuten im Stau und nichts bewegt sich. Mein Handy klingelt und Laura brüllt mich an, ob ich vorhabe, sie noch länger im Regen warten zu lassen. Na bravo. Das Unternehmen *Ich fahre die Kinder* ist bereits am ersten Tag in die Hose gegangen.

»Papa findet auch, dass es Schwachsinn ist, so weit weg zu ziehen«, überfällt sie mich. Ja, die Fähigkeit, mir ein schlechtes Gewissen einzureden, hat sie eindeutig von Roman geerbt. Aber das Wort »Schwachsinn« gehört zweifelsfrei nicht in ihren, sondern in den Sprachgebrauch ihres Vaters und so frage ich, ob sie ihn bereits angerufen hat. Ja, hat sie. Na super. Das war ja sicher wieder Wasser auf seine Mühlen.

Ich soll nicht kochen, wir gehen heute zum Essen aus, schreibt Mats in einer SMS. Das nenne ich Timing, lobe ich ihn, denn ich war gerade dabei, Kartoffeln zu schälen. Die gewonnene Zeit nutze ich und überwache die Hausaufgaben der Kinder. Danach darf Finn für eine Weile Fernsehen und ich erlaube Laura, an Mats Computer zu gehen. Ich packe die letzten Kartons aus, als es klingelt.

»Das ist Papa«, ruft unser Sohn und rennt zur Tür.

»Komm rein und sieh dich um«, sage ich, aber er lehnt ab und reicht mir zwei Schlüssel. Für den Fall, dass ich mich wieder mal verspäte, sollen die Kinder zu ihm nach Hause gehen können.

»Roman, das war doch nur, weil der Elbtunnel gesperrt war. Das kommt doch nun nicht jeden Tag vor.«

»Ich bin nicht gekommen, um dir Vorwürfe zu machen. Im Übrigen, du siehst erschöpft aus. Du solltest dich mal eine Stunde aufs Ohr legen.«

»Nun komm schon rein und schau dir wenigstens die Kinderzimmer an.«

Ich muss ihn am Arm packen und mit aller Kraft reinziehen, denn er sperrt sich noch immer. Finn rennt hektisch ins Obergeschoss und verschließt seine Tür. Er ruft, dass sein Papa auf gar keinen Fall hinaufkommen darf und ich muss laut lachen. Als ich Roman den Grund für das Verhalten unseres Jüngsten erzähle, ruft er die Treppe hinauf: »Keine Sorge, Finn. Im Herzen sind wir beide

Paulianer. Da kann Mats noch so viel blaue Farbe an deine Wand malen, wie er will.«

»Du bist nicht sauer, Paps?«

»Sauer auf dich? Das geht doch gar nicht. Komm runter, mein Großer, sag mir Tschüss und gib mir noch einen Schmatzer.«

Ihn so allein in der Dunkelheit verschwinden zu sehen, zerreißt mir das Herz. Ich habe das Bedürfnis, den Vater meiner Kinder in die Arme zu nehmen und ihn zu trösten. Nur weil er mir so leid tut? Ja, sicher. Warum sonst?

Unser Abend findet beim Italiener statt. Nicht in einer einfachen Pizzeria, sondern in einem Nobellokal, in dem Mats schon länger Stammgast zu sein scheint. Denn wir werden vom Wirt überschwänglich begrüßt und von ihm persönlich an den für uns reservierten Tisch geführt. Das Ambiente ist so vornehm, dass Laura und Finn nicht nur tief beeindruckt, sondern fast schon eingeschüchtert sind. Mats übersetzt ihnen die Speisekarte, die auf Italienisch verfasst ist. Die Kinder wollen kein Carpaccio, weder vom Rind noch vom Lachs. Sie wollen Nudeln essen und zwar ohne Trüffel, sondern mit Hackfleischsoße, so wie sie es gewohnt sind.

»Das sollte für den Küchenchef kein Problem sein«, sagt Mats und bestellt beim Ober. Als wir alle Getränke haben, stoßen wir an, und Laura beginnt mit ihrer Berichterstattung über den missglückten Shuttle zur Schule und wieder zurück.

»Papa hat uns heute seine Schlüssel gebracht. Wir können jetzt nach der Schule zu ihm gehen und dort auf Mama warten.«

Es ist nicht zu übersehen, dass Mats diese Lösung nicht gefällt.

»Das wäre eine Möglichkeit. Die andere wäre, dass eure Mutter aufhört zu arbeiten und sich ganz um euch kümmert. Wenn ihr mich fragt, wäre das die bessere Variante.«

»Ich soll meinen Job kündigen? Das kommt überhaupt nicht in Frage.«

»Warum nicht? Wir sind jetzt eine Familie und ich kann allein für uns sorgen. Überleg es dir. Du musst dich ja nicht gleich entscheiden.«

Ella - Kinder, stellt die Schuhe raus

Kinder, stellt die Schuhe raus, denn morgen kommt der Nikolaus! Doch was Mats abends in die Stiefel der Kinder steckt, sind keine Äpfel, Feigen und Nüsse, so wie es das kurze Gedicht besagt, sondern er hat mal wieder hemmungslos übertrieben. Ich sehe Musik-CDs, teure Computerspiele und Tickets für ein Weihnachtsmärchen.

»Das geht so nicht«, sage ich diesmal in noch ernsterem Ton zu ihm. »Ich will nicht, dass du meine Kinder so übertrieben beschenkst.«

»Deine Kinder?«

»Ach Mats, du weißt, was ich meine. Du brauchst dir ihre Zuneigung nicht zu erkaufen. Sie mögen dich auch so.«

»Du hältst meine Geschenke für übertrieben? Dann werde ich wohl statt einem Dankeschön von dir noch eine weitere Standpauke erhalten.«

Er greift unter das Kopfkissen und zieht ein kleines Päckchen hervor. Ich tippe auf Schmuck und die Größe der Schatulle lässt erahnen, dass es sich um einen Ring handelt.

»Du schenkst mir tatsächlich einen Brillantring zum Nikolaustag?«

»Nicht zum Nikolaustag, sondern nachträglich zu unserem Jahrestag. Es war vorgestern vor einem Jahr, als wir beide das erste Mal zusammen ins Kino gegangen sind.«

»Stimmt! Und ich war aufgeregt wie ein kleines Schulmädchen. Sag, war das etwa der Grund für die tolle Einladung zum Italiener? Ich Schussel! Da hätte ich auch selbst drauf kommen können.«

»Ich habe schon an diesem ersten Abend gewusst, dass du die Richtige für mich bist.«

»Du beschämst mich! Ich habe gar kein Geschenk für dich.«

»Ach Ella, du weißt, was ich mir von dir wünsche. Sag endlich ja zu einem Baby.«

Mit Ende dreißig noch einmal Mutter werden? Das war in meiner Lebensplanung eigentlich nicht vorgesehen. Aber was heißt denn schon Lebensplanung? War es etwa geplant, dass ich mich von Roman scheiden lasse und danach einen so wunderbaren Mann treffe? Einen, der mich schon wieder mit seinen Blicken in den Bann zieht?

»Ich habe die Pille doch schon vor Wochen abgesetzt. Aber allein davon werde ich nicht schwanger.

Also Mats, du weißt was zu tun ist!«

Doch trotz meiner unmissverständlichen Einladung macht er keinen Gebrauch davon, sondern nimmt mich nur fest in den Arm. Sein lauter Seufzer zeigt mir deutlich, dass ihm etwas auf der Seele brennt.

»Na, was ist los? Spuck es schon aus!«

»Gerade jetzt ist alles so schön. Du hast das Haus so wunderbar geschmückt und es ist hier abends so unbeschreiblich gemütlich mit dir und den Kindern und ausgerechnet jetzt muss ich auf diese blöde Fortbildung.«

»Wohin und wie lange?«

»Eine Woche nach Stuttgart. Das heißt, ich werde abends nicht nach Hause kommen können.«

»Das ist wirklich blöd«, stimme ich ihm zu und kuschle mich noch dichter an ihn.

»Und wann soll es losgehen?«

»Die Woche vor Weihnachten.«

»Dann bist du ja gar nicht da, wenn wir mit den Kindern ins Theater gehen wollen? Wie schade!«

Ella - Advent, Advent, die Hütte brennt

Einmal die Woche schlafen die Kinder bei Roman. Von Mittwoch auf Donnerstag. Denn mittwochs hat Finn Fußballtraining und Laura geht nach der Schule zu ihrer Freundin zum Spielen. Vermutlich hocken die beiden Mädchen den ganzen Nachmittag ohne Aufsicht vor dem Computer und surfen im Internet. Das ist mir gar nicht recht, aber ich kann ihr unmöglich den Umgang mit ihren alten Freunden verbieten. Es ist kurz vor Feierabend und ich plane, den freien Nachmittag zu nutzen, um Geschenke zu besorgen, als ich noch einen letzten Anruf entgegennehme.

»Guten Tag, Architekturbüro Schümann und Partner.«

»Ella? Ella, hör zu! Es ist etwas ganz Blödes passiert.«

»Roman?«

»Bei mir zu Hause hat es gebrannt. Schuld war wohl dieses trockene Tannengesteck aus dem Supermarkt. Vermutlich habe ich vergessen, die

Kerzen auszupusten. Die Feuerwehr hat mich gerade angerufen. Kannst du die Kinder abholen? Ich muss dringend zum Haus.«

Natürlich stimme ich sofort zu und fahre zur Schule. Als ich den Kindern berichte, weshalb ich sie abhole, wollen sie sofort zu Roman fahren und sehen, was passiert ist. Auch ich bin neugierig und lenke den Wagen in die Straße mit den Doppel- und Reihenhäusern. Vor der Hausnummer 22 stehen noch immer die roten Wagen der Feuerwehr. Ich bitte die Kinder, zunächst im Auto zu warten und gehe allein ins Haus. Der ganze Boden im Erdgeschoss steht unter Wasser und es stinkt wie in einer Rauchkammer. Ich finde Roman im Obergeschoss.

»Schönes Malheur, oder?«, sagt er, als er mich erblickt.

»Und nun?«

»Nun werde ich wohl oder übel erst einmal in ein Hotel ziehen müssen, wenn ich nicht ersticken will.«

»Übernimmt die Versicherung den Schaden?«

Roman zuckt mit den Achseln. Die Frage, wie er nur so unvorsichtig sein konnte, erspare ich mir bei seinem Anblick. Er ist schon geschockt genug.

»Hast du die Kinder abgeholt?«

»Ja, sie warten draußen. Komm! Du kannst erst einmal mit zu uns kommen.«

»Und Mats?«

»Na, er wird schon nichts dagegen haben. Vielleicht hältst du dich mit deinen Sprüchen etwas zurück, dann sollte es für die nächsten Tage wohl gehen.«

»Ella, du bist und bleibst ein Schatz! Komm her und lass dich umarmen.«

»Lass den Scheiß, Roman, oder du ziehst doch in ein Hotel!«

Ich helfe ihm noch, einige Sachen zusammenzupacken und dann fahren wir los. Die Kinder steigen zu Roman in den Wagen um und lassen sich das aufregende Ereignis in allen Einzelheiten erzählen.

Ich halte es für klüger, Mats über unseren neuen Untermieter zu informieren, bevor er nach Hause kommt. Außerdem muss ich ihn fragen, ob Roman auf der Gästecouch in seinem Arbeitszimmer schlafen kann, oder ob ich ihn in einem der Kinderzimmer unterbringen soll. Er geht gleich nach dem zweiten Klingeln ran.

»Es hat was?«

»Es hat gebrannt. Das ganze Haus ist unbewohnbar.«

»Er lässt auch keine Gelegenheit aus!«

»Mats, du spinnst. Du behauptest doch nicht allen Ernstes, dass Roman sein Haus absichtlich angesteckt hat.«

»Ich traue ihm alles zu.«

»Nun zeig dich versöhnlich, bitte. Hast du schon einen Film besorgt?«

»Noch nicht. Aber ich suche uns einen aus, der dem Anlass entspricht. Bis später, Schatz.«

Na, da lasse ich mich mal überraschen.

Roman zieht ins Arbeitszimmer und ich setze gerade die zweite Trommel mit seiner Wäsche auf, als Laura mir zuflüstert, dass es doch eine gute Idee ist, dass wir jetzt alle zusammen wohnen. Sie findet, so könnte es immer sein.

»Es ist nur vorübergehend. Wenn Papas Haus wieder bewohnbar ist, geht er zurück.«

»Und wie lange bleibt er bei uns?«

»Das kann dauern, meine Prinzessin«, antwortet ihr Vater grinsend und ich fürchte, er meint es ernst.

»Gibt es heute kein warmes Essen?«, beschwert Finn sich bei mir. Nein! An unserem letzten freien Abend vor Mats Abfahrt sollte es kein warmes Essen geben. Wir wollten uns im Bett einen schönen

Film ansehen und uns einige kalte Leckereien gegenseitig in den Mund stecken. Aber diese romantische Fütterung wird wohl heute ausfallen.

»Soll ich uns Pizza bestellen?«, fragt Roman und erhält von den Kindern sofortige Zustimmung.

»Hey«, begrüße ich meinen Liebsten, der mich erstaunt ansieht und sofort bemerkt, dass es nicht seine Hemden sind, die ich gerade bügle. Bevor er etwas sagen kann, erkläre ich ihm meinen Einsatz.

»Ich musste seine Sachen waschen. Sonst hätte es hier gestunken wie in Abrahams Schinkenräucherei.«

Mats legt die Leih-DVD auf den Tisch und begrüßt meinen Ex-Mann und die Kinder mit einem »Hallo zusammen«.

»Wenn der Postmann zweimal klingelt?«, frage ich Mats, als ich sehe, welchen passenden Film er ausgesucht hat, und muss sofort laut loslachen.

»Der Film ›Wenn der Ex-Mann ständig klingelt‹ war leider nicht mehr zu bekommen«, entgegnet er und grient.

Wir essen Pizza am Küchentisch, mit Salami, doppelt Käse und mit Thunfisch, Zwiebeln und Kapern.

»Und du, Papadakis, hast tatsächlich deine Hütte angesteckt? So viel Aufwand, nur um hier Asyl zu bekommen?

»Wieso Papadakis?«

Mats und ich biegen uns vor Lachen. Natürlich kennt Roman den Film Wenn der Postmann zweimal klingelt nicht. Schließlich ist es kein Science-Fiction-Film und die Darsteller fliegen nicht im Raumschiff durch das Universum. In dem Genre ist Roman ein Experte. Ich könnte ihm sagen, wer Papadakis ist. Der Ehemann von Jessica Lange, der von ihr und ihrem Geliebten, gespielt von Jack Nicholson, um die Ecke gebracht wird, aber ich behalte den Witz besser für mich.

Ella - Rosa steht dir doch

Ich bitte Roman, am Freitag die Kinder in die Schule zu fahren. So habe ich wenigstens die Möglichkeit, Mats gebührend zu verabschieden. Ich weiß, dass es ihm nicht schmeckt, mich mit meinem Ex-Mann für eine Woche allein zu lassen. Ich kenne keinen anderen Mann, der so tolerant ist. Aber letztendlich hat Mats ja nichts zu befürchten. Oft genug habe ich ihm gesagt und gezeigt, dass er meine unangefochtene Nummer eins ist und auch bleibt. Trotzdem ruft er mir zu: »Bleib sauber, Ella«, als er in seinen Wagen steigt und die siebenhundert Kilometer ins Schwabenland fährt.

Heute Nachmittag geht es mit den Kindern ins Weihnachtsmärchen. Ich habe Laura erlaubt, dass sie ihre Freundin anstelle von Mats mitnehmen darf. Aber unsere Tochter möchte lieber, dass ihr Vater uns begleitet. Mir ist es gleich. Hauptsache die Karte verfällt nicht.

Wir haben uns alle herausgeputzt und freuen uns auf die Aufführung in den Hamburger Kammerspielen. Die Geschichte von Potilla und dem Mützendieb kennen meine Kinder schon aus Büchern. Damit Finn und Laura besser sehen können, tauschen wir noch einmal die Plätze. Nun sitzen Roman und ich nebeneinander, hinter zwei Riesenmüttern, die während der ganzen Vorstellung ihre Hüte aufbehalten und selbst uns die Sicht versperren. Die Kinder amüsieren sich prächtig. Sie lachen, staunen und juchzen. Plötzlich ergreift Roman meine Hand und flüstert mir zu, dass es ein unbeschreiblich gutes Gefühl ist, sie so glücklich zu sehen. Wir lächeln uns zufrieden zu und ich denke, dass er doch so langsam meine Hand mal wieder loslassen könnte. Macht er aber nicht und so muss ich sie ihm gewaltsam entreißen. Das war keine gute Idee, denn nun wandern seine warmen Finger auf meinen Oberschenkel.

»Lass das«, fauche ich ihn an, aber er grinst nur frech.

Wie jedes Jahr bummeln wir nach der Vorstellung noch über den Weihnachtsmarkt. Wir essen uns an den verschiedenen Ständen satt, ich trinke einen Glühwein, während Finn Karussell fährt und Laura sich von ihrem Vater einen roten Liebesapfel spendieren lässt. Neben der Bude, in der gebrannte Mandeln verkauft werden, hat der Weihnachtsmann Platz genommen und wartet auf Kinder, die sich auf seinem Schoß fotografieren lassen.

Nein, kein Familienfoto. Das kann Roman sich abschminken. Aber wieder Mal unterliege ich 1:3. Scheiß-Demokratie! Ich nehme mir fest vor, bis auf Weiteres die Diktatur bei uns einzuführen. Genau! Ich habe das Sagen und Roman ist nur Gast. Und wenn er das bleiben will, dann werde ich heute Abend noch einmal ein ernstes Wort mit ihm reden müssen. »Cheese!«

Mit vier Abzügen geht es nach Hause. In mein Zuhause!

Mats hat schon dreimal auf den Anrufbeantworter gesprochen. Er sagt, er wäre gut angekommen und das Hotel wäre nur so lala. Ich soll ihn doch bitte anrufen, weil er mich ganz schrecklich vermisst. Genau so geht es mir auch, sage ich, als ich ihn endlich erreiche. Ob Papadakis mit im Theater war, will er wissen. Nachdem sich auf dem Festanschluss niemand gemeldet hat, brauchte er nur eins und eins zusammenzuzählen.

»Hätte ich die Karte verfallen lassen sollen?«

»Das wäre eine Möglichkeit gewesen. Es fühlt

sich nicht gerade gut an, zu wissen, dass er meinen Platz einnimmt.«

»Ach, Mats, doch nur im Theater!«

»Dein Wort in Gottes Ohr.«

»Ich liebe dich auch und vermisse dich furchtbar.«

Ich weiß genau, dass Roman mich belauscht hat. Gut so. Dann sollte er im Bilde sein, was meine wahren Gefühle angeht. Trotzdem ergreife ich die Gelegenheit und fasse die Fakten noch mal für den Begriffsstutzigen zusammen.

»Roman, du kannst hier wohnen, weil ich dir aus einer brenzlichen Lage helfen wollte und du der Vater unserer Kinder bist. Mehr nicht!«

»Als Vater unserer Kinder dachte ich eigentlich, ich würde dich kennen. Seit wann kleidest du dich so sexy? Früher hast du keine Dessous getragen, obwohl es mir auch gefallen hätte.«

»Woher weißt du, was ich drunter trage?«

»Ich habe mich nützlich gemacht und eine Maschine mit Kochwäsche aufgesetzt.«

»Du hast in meinem Wäschekorb herumgewühlt?«

»95 Grad, wie immer.«

»Hast du einen Knall? Das ist reine Seide!«

Das war reine Seide und Roman hat es tatsächlich fertiggebracht, meine teuren Slips und BHs binnen einer Stunde zu vernichten.

»Die wirst du mir ersetzen!«, schreie ich aufgebracht, als ich die einst cremefarbenen Edel-Dessous als rosa verfärbte Fetzen aus der Trommel nehme.

»Ich finde, Rosa steht dir. Es passt zu deinem Hauttyp.«

Auf meiner Haut bildet sich gerade ein Bataillon von roten Stresspickeln und ich könnte ihm an die Gurgel gehen.

»Diese sündhaft teure Unterwäsche habe ich mir von meinem kleinen Gehalt vom Mund abgespart. Und nun sieh dir das an! Du willst dich nützlich machen? Dann geh mir aus der Sicht!«

Ich bin nicht sonderlich an seinen Entschuldigungen interessiert. Wütend verziehe ich mich ins Schlafzimmer und lege mich hin, um die Nacht diagonal auf dem Bett allein zu schlafen. Ich habe Platz, keiner klaut mir die Decke und doch vermisse ich den Mann an meiner Seite, der mir ab drei Uhr nachts unaufhörlich ins Ohr pustet.

Am Sonntag werde ich um neun Uhr von Finn geweckt. Er flüstert mir leise zu, dass sein Papa ein ganz leckeres Frühstück gemacht hat. Roman trägt noch immer seinen schuldbewussten Dackelblick und ich will ihm nicht länger böse sein. Mit Pfannkuchen und einer Auswahl verschiedener Aufback-Brötchen hat er mich sofort wieder milde gestimmt.

»Die Kinder wollen einen Weihnachtsbaum kaufen. Was hältst du von der Idee, wieder selbst einen zu schlagen? Wir könnten auf eine dieser Tannen-Plantagen fahren und uns den Schönsten aussuchen.«

Eine gute Idee, um ein wenig Frischluft zu schnuppern, denke ich und stimme zu.

Wir fahren in Richtung Süden und machen uns in der Lüneburger Heide auf die Suche nach einer passenden Tanne. Der richtige Baum ist schnell gefunden und Roman sägt vor den Augen der Kinder das zwei Meter fünfzig hohe Prachtexemplar ab. Nur noch schnell ein Netz darum wickeln und dann zahlen. Im Anschluss kehren wir völlig durchgefroren in einen Landgasthof ein und bestellen uns heißen Tee und Kakao. Als ich von der Toilette komme, sagt Laura, dass Mats angerufen hat. Ich will mich sofort bei ihm zurückmelden, aber es läuft nur die Mailbox.

Erst spät abends erreiche ich ihn auf seinem Zimmer.

»Warum hast du dein Telefon ausgestellt? Ich rufe dich seit Stunden auf deinem Mobiltelefon an, aber du meldest dich nicht.«

»Ich wollte euren Familienausflug nicht stören«, lautet seine kurze Antwort.

»Och, Mats!«

»Gute Nacht, Ella. Ich habe morgen wieder einen anstrengenden Tag.«

Laura und Finn fiebern den Ferien entgegen und sind von Tag zu Tag aufgeregter. Mir ist seit zwei Tagen nicht wohl. Natürlich vermisse ich Mats, und dass er sein Handy ausgestellt hat und ich ihn nicht erreichen kann, trägt nicht gerade zur Besserung meiner Laune bei. Roman bietet an, für die letzten Schultage den Shuttle für die Kinder zu übernehmen. Wieso das? Muss er nicht zur Arbeit?

»Ich habe Urlaub. Also wenn du willst, nehme ich dir diese Wege ab. Ich muss mich sowieso um das Chaos im Haus kümmern.«

»Kann ich dir die Kinder für einige Tage allein anvertrauen, ohne Angst haben zu müssen, dass du auch unser Haus in Brand steckst?«

»Was für eine dumme Frage. Ja, natürlich! Was

hast du vor?«

»Ich nehme morgen die erste Bahn und fahre nach Stuttgart zu Mats. Es wird Zeit ein Zeichen zu setzen!«

Mats - In Gedanken

Ich nicke. Das soll meine Aufmerksamkeit signalisieren. Aber in Gedanken bin ich nicht bei der Sache. Egal, wie pointiert der Gebietsleiter Süd seinen Vortrag auch inszeniert. Momentan interessieren mich die Prognosen und bunten Diagramme des Redners genauso wenig wie unser Umweltminister Interesse an der Klimakonferenz in Warschau zeigt. Ich denke an Ella und frage mich, was sie wohl gerade wieder mit Roman anstellt. Vor mir baut sich das Bild auf, wie sie gerade durch die Lebensmittelabteilung rauscht, um ihrem Ex-Mann die Zutaten für sein Lieblingsmittagessen zu besorgen.

»Er hat doch sonst niemanden«, höre ich sie sagen. »Doch, hat er«, will ich ihr antworten. Er hat Eltern, Freunde und Kollegen. Und er ist schon groß und kann auf sich allein aufpassen! Warum habe ich mich nur so in diese Frau verliebt? In eine Mutter von zwei Kindern. Laura und Finn sind liebenswert und ich mag sie, obwohl es mir lieber wäre, Ella wäre kinderlos. Aber das würde ich niemals laut sagen. Ich mache mir nichts vor. In meinem Alter findet man keine Frau ohne Vergangenheit. Allerdings das, was sie mir mit Roman zumutet, lässt mich zunehmend an meine Grenzen stoßen. Mein Verstand ruft mir immer wieder zu, ich soll ihr doch vertrauen.

»Geh bloß nicht zu heftig auf Konfrontationskurs! Dann ziehst du den Kürzeren.«

Schließlich habe ich keine vierzehnjährige gemeinsame Geschichte mit ihr. Da ist dieser Arsch deutlich im Vorteil. Er kennt sie wie kein anderer. Trotzdem war er so blöd, diese tolle Frau wegen einer jüngeren Dumpfbacke zu verlassen. Ich finde, er sollte wie ein Mann die Konsequenzen tragen und uns endlich in Ruhe lassen! Sollte er es wagen, meine Abwesenheit auszunutzen, dann Gnade ihm Gott.

»Herr Breyer? Mats? Was sagen Sie dazu?«

»Ich bitte um Entschuldigung. Was haben Sie gefragt?«

Ich hasse Tagungshotels. Das war nicht immer so. Früher war es eine willkommene Gelegenheit, es einmal richtig krachen zu lassen. Wenn wir Kollegen uns zweimal im Jahr trafen, haben wir abends die Sau rausgelassen, gesoffen bis zum Umfallen, und danach bin ich mit der Gebietsleiterin West in die Federn gestiegen. Silke. Wir haben damals zeitgleich als Referenten angefangen. Für kurze Zeit führten wir eine Fernbeziehung, aber uns wurde schnell klar, dass wir uns etwas vormachten und beendeten es freundschaftlich. Mittlerweile hat sie mich auf der Karriereleiter überholt und ist jetzt offiziell meine Vorgesetzte. Sie wird den nächsten Vortrag halten. Aber erst nach der Kaffeepause. In ihrem figurbetonten Kostüm und auf teuren Stöckelschuhen kommt sie in meine Richtung. Mit dem Zeigefinger winkt sie mich heran und macht ein wichtiges Gesicht.

»Mats, ich möchte dich später noch allein sprechen. Willst du mich heute Abend zum Essen begleiten?«

»Was gibt es, das du mir nicht hier und jetzt sagen kannst?«

»Ich brauche jetzt einen starken Kaffee. Aber keinen aus der Kanne. Komm, wir gehen an die Bar und trinken einen Espresso.«

Ich folge ihr durch die Lobby, vorbei am Empfangstresen, und mein Blick fällt auf eine Frau im dunklen Dufflecoat. Sie trägt flache Stiefel und eine bunte Mütze bedeckt ihr dunkles, lockiges Haar. Kein Zweifel. Da steht Ella.

»Hey, Überraschung!«

»Das ist dir wirklich zu hundert Prozent gelungen, mein Schatz. Seit wann bist du hier?«

»Bin gerade eingetroffen.«

Sie drückt ihre weichen Lippen auf meinen Mund und ich kann mich an ihrem Gesicht nicht satt sehen. Silke klopft mir auf die Schulter und bittet darum, dass ich sie einander vorstelle.

»Ella, das ist Silke Pünjer, eine alte Kollegin, und das ist meine Ella.«

»Das heißt langjährige Kollegin, Mats. Langjährige Kollegin und Freundin. Hallo, Ella, freut mich dich kennenzulernen. Ich denke, wir verschieben unser Gespräch auf später. Einen Espresso bitte.«

Ich kann es noch immer nicht fassen, dass Ella vor mir steht. Warum sie sich die Strapazen einer langen Bahnfahrt angetan hat, will ich von ihr wissen. Schließlich wäre ich übermorgen schon wieder nach Hause gefahren.

»Der Grund heißt Sehnsucht, mein Schatz. Hast du ein Doppelzimmer?«

»Ja, Zimmer 307. Hier ist meine Key-Karte. Bis später.«

Roman - Wo ist Mama?

Der Mitarbeiter der Versicherung ist pünktlich. Gemeinsam gehe ich mit ihm durch die Räume und er macht sich Notizen. Ob der Brandschaden übernommen wird, kann er mir nicht sagen. Nachdem er alles fotografiert hat, verabschiedet er sich und ich darf mich endlich ans Ausräumen machen. Um die Möbel ist es nicht schade. Ich mochte sie ohnehin nicht. Ivonne hatte mir damals ihren Geschmack aufgezwungen. Widerspruchslos hatte ich ihr zugestimmt. Ich war diesem Luder willenlos verfallen. Wäre ich doch bloß an jenem Tag nicht zum Haarschneiden gegangen. Ausgerechnet an dem Tag, an dem sie nur zur Probe gearbeitet hat. Wir wären uns nie begegnet und sie hätte ihre Krallen nicht nach mir ausgestreckt, ich wäre ihr nicht ins Netz gegangen und meine Familie wäre noch intakt. Meine Kinder würden bei mir groß werden und Ella würde nachts in meinem Bett schlafen und nicht diesem arroganten Arschloch als Lustobjekt dienen. Was anderes ist es doch zwischen den beiden nicht. Sex, mehr nicht. Genau wie bei Ivonne und mir.

Aber das hat doch nichts mit wahrer Liebe zu tun. Ach, Ella, warum kannst du mir nicht verzeihen? Weshalb bist du mit den Kindern nicht zu mir gezogen? Ich habe es dir so oft angeboten. Was ist an diesem Mats so viel besser? Ich habe seinen Rüssel gesehen und kann mir bildhaft vorstellen … Nein! Ich will mir das nicht vorstellen.

Ich nehme mir blaue Müllsäcke und stopfe alles an Kleinigkeiten hinein, was mir in die Hände fällt, auch das blöde Weihnachtsgesteck. Der angebliche Übeltäter. Ich kann mich beim besten Willen nicht daran erinnern, eine Kerze angesteckt zu haben. Folglich kann ich mich auch nicht erinnern, sie ausgepustet zu haben. Gut, dass es am Mittwochmorgen passiert ist. Nicht auszudenken, es hätte in der darauffolgenden Nacht gebrannt, wenn die Kinder hier gewesen wären. Oh, die Kinder. Ich muss sofort los und sie abholen.

»Wo ist Mama?«

»Sie ist zu Mats nach Stuttgart gefahren.«

»Das ist nicht gut«, sagt Finn.

Ich finde auch, dass das nicht gut ist, allerdings aus einem anderen Grund als mein Sohn.

»Sie wollte doch mit uns ins Einkaufszentrum

fahren, damit wir Geschenke kaufen können.«

»Das mache ich heute mit euch. Ich habe auch noch wichtige Sachen zu besorgen.«

Ella - Zimmer 307

Das Zimmer ist wirklich nur so lala. Mats hat nicht übertrieben. Die Zeit bis zum gemeinsamen Abendessen verbringe ich damit, lang ausgestreckt auf dem Bett zu liegen, fernzusehen und salzige Erdnüsse zu futtern. Nicht die teuren aus der Minibar, sondern die, die ich als Reiseproviant in meiner Handtasche mitgebracht habe. Aber sie reichen nicht aus, um meinen Bärenhunger zu stillen. Es nützt nichts. Ich werde hier nicht auf das Ende der Veranstaltung warten, sondern mir im Restaurant schon vorab eine Kleinigkeit gönnen.

Mir scheint, dass ich die einzige Frau in diesem Hotel bin, die weder ein Kostüm noch einen dunklen Hosenanzug trägt. Man kann die Gäste kaum vom Bedienungspersonal unterscheiden und so tappe ich auch schon ins erste Fettnäpfen, als ich einen Seminarteilnehmer um die Speisekarte bitte. Meine Güte ist mir das unangenehm, als ich sein Namensschild lese und erkennen muss, dass es sich nicht um den Kellner, sondern um einen Kollegen von Mats handelt. Auf der Stelle möchte ich im Erdboden versinken. Hoffentlich läuft der mir nicht noch einmal über den Weg.

»Eine Waldpilzsuppe mit Röstbrot, bitte«, bestelle ich nun beim richtigen Ober. Ich liebe Suppen. Besonders im Winter. Sie zaubern mir ein Gefühl von Wärme und Ruhe in den Bauch. Diese Suppe allerdings nicht. Sie bewirkt das genaue Gegenteil und verabschiedet sich bereits nach zehn Minuten aus meinem Magen, um sich in der Kloschüssel des Zimmers 307 wiederzufinden. Meine Güte ist mir übel. Nie wieder werde ich Pilzsuppe essen, schwöre ich mir, während sich mein Bauch abermals verkrampft und mir bereits der zweite kalte Schauer über die Haut läuft.

»Ella, was ist mit dir? Du bist kreidebleich.«

»Hast du etwas gegen Übelkeit in deinem Koffer? Ich habe eine Suppe gegessen und ich befürchte, die war nicht mehr gut.«

Weder Mats noch einer seiner Kollegen hat seinen Koffer dabei. Ist das zu fassen? Hier tagt ein Pharmaunternehmen und ich muss mir tatsächlich Tabletten aus der Apotheke besorgen.

Der Restaurantchef ist untröstlich, aber er versichert, dass die Suppe einwandfrei ist. Mats fährt mich zur Apotheke und wartet im Wagen bei laufendem Motor.

Ich lese der Apothekerin den Namen des Medikaments vor, den mein Pharmareferent mir zuvor aufgeschrieben hat. Dazu empfiehlt sie mir einen Magen-Beruhigungstee mit Kamille, Schafgarbe und Pfefferminze. Er soll krampflösend wirken.

»Und vielleicht probieren Sie das?«, sagt die nette Frau im weißen Kittel und legt mir einen Schwangerschaftstest auf den Verkaufstresen. Mit einem milden Lächeln fügt sie an, dass sie einen Blick dafür hätte.

»Meinen Sie wirklich?«

Zurück im Hotel bestellt Mats eine Kanne heißes Wasser aufs Zimmer. Ich bitte ihn eindringlich, jetzt bitte zu seinen Kollegen zum Essen zu gehen.

»Du brauchst hier keine Bettwache bei mir zu halten.«

Ich verspreche nachzukommen, sobald es mir wieder besser geht.«

Mats - Eine einmalige Chance

»Wo ist Ella?«

»Sie fühlt sich nicht wohl. Der Magen.«

Silke zeigt sich wenig mitleidig, was mich nicht erstaunt, denn zu wahren Gefühlen ist sie überhaupt nicht fähig. Sie lebt nur für ihren Beruf und hat ausschließlich Zahlen und Profit im Kopf. Deswegen verwundert mich ihre Reaktion auch nicht.

»Dann komm, wir setzen uns da drüben ans Fenster. Eine gute Gelegenheit, endlich ungestört mit dir reden zu können.«

Sie will die Pilzsuppe wählen und ich rate ihr dringend davon ab. Ob sie Wein oder Wasser bestellen soll, will sie wissen und ich sage, dass sie der Chef ist und bestimmen soll.

»Vielleicht trinken wir den Sekt später, wenn ich dir meinen Vorschlag unterbreitet habe und du zustimmst.«

»Mach es nicht so spannend!«

In leisem Flüsterton berichtet sie mir von streng geheimen Umstrukturierungsplänen: »Die Hälfte der Mitarbeiter werden in spätestens sechs Monaten ihren Job verlieren, weil die Gebiete neu aufgeteilt werden.«

»Und Hamburg?«

»Fällt weg.«

»Und darauf willst du mit mir anstoßen?«

Mir fährt gerade ein riesiger Schreck in die Glieder und ich bereue jetzt, dass ich Silke nicht dazu geraten habe, Wein zu bestellen. Ich trinke einen Schluck Wasser und fordere sie auf, endlich Klartext zu sprechen.

»Es wird künftig nur noch die Gebiete Süd, West und Nord-Ost geben. Bei der Besetzung der Gebietsleitung habe ich an dich gedacht.«

»Und für welche Region hast du mich vorgesehen?«

»Nord-Ost. Traust du dir das zu?«

»Wo ist der Haken?«

»Welcher Haken? Du wirst mit einem Schlag verantwortlich für die Bundesländer Niedersachsen, Hamburg und Bremen, Schleswig-Holstein, Mecklenburg- Vorpommern, Berlin und Brandenburg sein. Das ist eine einmalige Chance und das Gehalt wird dich umhauen.«

»Und das Büro bleibt in Hamburg?«

»Nein, in Berlin.«

»Dann vergiss es.«

»Mensch, Mats. Warum? Etwa wegen deiner Immobilie? Du kannst dir in …«

»Nein, das ist nicht der Grund. Ella wird schon wegen der Kinder nicht mit mir nach Berlin ziehen.«

»Dann solltest du dich schleunigst um einen neuen Job bemühen. Aber Mats, bitte halte noch die Klappe. Die Mitarbeiter sollen es nicht vor Weihnachten erfahren. Schließlich wollen wir ihnen nicht das Fest verderben.«

»Das ist wirklich sehr warmherzig von dir, Silke. Schon die Tatsache, dass du von deinen langjährigen Kollegen als Mitarbeiter sprichst, verdirbt mir gerade den Appetit. Und dass ihr uns so kurz vor dem Fest noch zu diesem bescheuerten Seminar bestellt, obwohl es für die meisten Kollegen völlig überflüssig ist, zeigt mir, welcher Führungsstil hier mit dir eingezogen ist.«

»Wo willst du hin?«

»Zu meiner Frau. Und sollte es Ella morgen früh besser gehen, reise ich mit ihr ab. Dein Kasperletheater kannst du ohne mich fortsetzen.«

Ich höre noch, wie sie mir mit ihren Tippelschritten aufgeregt bis zum Lift hinterherläuft.

»Es bleibt doch dabei, oder? Du hältst gegenüber den anderen den Mund, ja?«

»Keine Sorge. Diese freudige Nachricht wirst du ihnen schon selbst überbringen müssen.«

Ella fragt, ob ich lecker gegessen hätte und ich nicke. Ich brauche jetzt einen Schnaps auf den Schreck und öffne die Minibar. Natürlich werde ich wieder einen gutbezahlten Job finden. Gleich im neuen Jahr werde ich Kontakt zu Headhuntern aufnehmen. Ob ich allerdings weiterhin in Hamburg arbeiten kann, bleibt fraglich.

»Ist dir jetzt auch schlecht vom Essen?«

»Nee, Schatz. Ich bin nur erledigt.«

Ella - Ab nach Hause

Ich glaube, es war keine gute Idee, Mats im Hotel zu besuchen. Bestimmt hat es wegen mir Ärger gegeben. Warum sonst hat er beschlossen, vorzeitig abzureisen? Seit gestern Abend ist er so schweigsam, aber er will mir nicht sagen warum. Er verzichtet sogar aufs Frühstück und verabschiedet sich nicht einmal von seinen Kollegen, die im Speisesaal sitzen und ihm zuwinken.

»Ist es, weil dein Chef sich über mich beschwert hat?«

»Häh? Ich weiß nicht, was du meinst.«

»Dr. Griesbach. Das ist doch dein Chef, oder?«

»Ja, wieso?«

»Ich habe ihn gestern für den Kellner gehalten und ihn gebeten mir die Speisekarte zu geben. Er hat mich angesehen, als wenn ich nicht ganz dicht wäre.«

Mats kann sich vor Lachen kaum aufs Fahren konzentrieren. Bis zur Autobahn gluckst er immer wieder laut auf und sagt, dass ihm die Geschichte außerordentlich gut gefällt, sie aber nicht der Grund für unsere vorzeitige Abreise ist.

In Höhe Frankfurt nehme ich das Telefon zur Hand und rufe bei Roman an. Wo er steckt, will ich wissen und frage nach den Kindern.

»Ich streiche gerade das Wohnzimmer. Die Kinder wollen mir nach der Schule helfen. Und was machst du so allein in Stuttgart?«

»Wir sind schon wieder auf dem Rückweg. Also bis später.«

Die Tatsache, dass Roman mit der Renovierung begonnen hat, stimmt den Fahrer des Wagens endlich wieder fröhlicher.

»Dann besteht ja tatsächlich noch Hoffnung.«

Zu Hause bittet Mats mich, einen starken Kaffee oder Tee zu kochen und geht auf direktem Weg in sein Arbeitszimmer. Er sitzt vor seinem Computer und macht ein ernstes Gesicht.

»Du verbreitest ja heute eine tolle Vorweihnachtsstimmung. Kannst du vielleicht mal ein anderes Gesicht machen?«

»Na, war es schön auf dem Weihnachtsmarkt? Ihr hattet wohl viel Spaß, so wie es hier aussieht.«

Mats deutet auf das Foto mit dem Weihnachtsmann und verlässt wortlos das Zimmer. Wenig später ruft er mich. Er steht in unserem Schlafzimmer und zeigt aufs Bett.

»Und was soll das?«, brüllt er laut.

Ich sehe neue cremefarbene Dessous auf der Decke liegen. Roman hat eine Karte dazugelegt und geschrieben, dass er hofft, dass sie mir gefallen und die Sache damit aus der Welt ist.

»Welche Sache? Und warum, bitteschön, kauft er dir Reizwäsche?«

»Weil er die alte auf dem Gewissen hat. Er hat ...«

»Habt ihr vor, mich jetzt beide für blöd zu verkaufen? Was war hier los, als ich weg war? Ihr habt nicht nur heile Familie gespielt, sondern auch Herr und Frau Berger, oder? War es das schlechte Gewissen, das dich nach Stuttgart getrieben hat?«

»Wie bitte?«

»Hast du mir etwas zu sagen?«

»Ja, dass du komplett spinnst!«

»Ich spinne? Ja, du hast recht, ich spinne tatsächlich. Ich habe wirklich gedacht, wir hätten eine reale Chance. Wie unglaublich naiv von mir.«

»Wo willst du denn jetzt hin?«

»Zu Roman! Ich werde das tun, was ich schon in Dänemark hätte tun sollen und ihm gewaltig die Fresse polieren!«

»Gute Idee! Und so erwachsen!«

Mats - Ich hau ihn um

Ich verspüre eine so unbändige Wut wie noch nie zuvor in meinem Leben. Es ist ihm zu wünschen, dass sie während der zwanzigminütigen Fahrt wieder etwas abklingt, denn in meinem jetzigen Zustand kann ich für nichts garantieren. Es ist nicht notwendig zu klingeln, die Haustür ist nur angelehnt. Als ich den Flur betrete, kommt Finn mir entgegen. Mist. An die Kinder habe ich gar nicht gedacht.

Roman steht auf der Leiter und Laura kniet auf dem Boden und streicht mit einem Pinsel weiße Farbe an die verkohlte Wand.

»Bist du gekommen, um uns zu helfen?«

Ja, ich werde dir gleich helfen, wenn du nicht sofort von deiner Leiter steigst, du Mistkerl.

»Kinder, lasst mich mal einen Moment mit eurem Vater allein.«

»Wo ist Mama?«

»Eure Mutter ist zu Hause.«

»Hat sie schon die schöne Wäsche gesehen, die wir gestern für sie ausgesucht haben?«

Ich schaue den kleinen Malermeister an, der mit seinem farbverschmierten Gesicht vor mir steht.

»Papa hat unsere ganze Wäsche verfärbt. Sogar mein Trikot ist jetzt rosa. Aber er hat mir schon ein neues gekauft. Selber schuld, Papa. Wäsche waschen ist nun mal Frauensache, nicht wahr Mats? Und Malen ist Männersache. Hilfst du uns?«

Meine Güte, komme ich mir gerade blöd vor. Nur gut, dass der Kleine geplappert hat, bevor ich mich hier zum kompletten Deppen mache. Laura sagt, dass ihr Bruder diese frauenfeindlichen Bemerkungen besser nicht vor ihrer Mutter wiederholen sollte. Es sei denn, er wäre scharf auf einen Satz heiße Ohren. Roman lacht und fragt, ob wir ein Bier trinken wollen.

»Und? Was wolltest du mit mir besprechen?«

Jetzt brauche ich dringend eine plausible Ausrede.

»Kann ich irgendwie helfen? Ich bin zwar handwerklich nicht sonderlich begabt, aber beim Tragen der schweren Sachen gehe ich dir gern zur Hand.«

Nach drei Stunden ist das Haus geräumt und das Wohnzimmer erstrahlt in hellem Weiß. Es ist Zeit, dass wir uns auf den Heimweg begeben. Aber als ich auf unsere Auffahrt biege, sehe ich kein Licht im Haus. Ellas Wagen steht auch nicht vor der Tür und ich ahne schon, was auf dem Zettel steht, den ich auf dem Esstisch vorfinde.

Bin bei Tanja. Wage es nicht, mich dort anzurufen, du Idiot.

Ella - Ist das zu fassen?

Ich habe Glück. Meine jüngere Schwester Tanja ist zu Hause. Das ist nicht selbstverständlich, denn sie ist Single, kinderlos und verbringt die Abende meistens in Clubs oder feiert mit Freunden. Dass sie eine gute Zuhörerin ist, hat sie schon in Zeiten meiner Scheidung bewiesen. Wie oft hat sie mich damals aufgebaut und letztendlich habe ich ihr sogar die Bekanntschaft mit Mats zu verdanken.

»Du glaubst ja gar nicht, was er sich heute geleistet hat. Er hat mir tatsächlich unterstellt, ich hätte mit Roman geschlafen. Ist das zu fassen?

»Auch ein Glas Wein, Ella?«

»Darf nicht!«

»Bist du krank?«

»Nee, schwanger! Ist das zu fassen?«

»Wer ist der Vater? Roman oder Mats?«

»Sehr witzig, Schwesterherz!«

»Und jetzt kommt die Krönung. Er hat sich tatsächlich auf den Weg gemacht, um Roman eine zu verpassen!«

»Ist das zu fassen? Der friedliche Mats mutiert zum Rambo! Was hat ihn so sehr auf die Palme gebracht?«

»Ehrlich gesagt, ich habe keine Ahnung. Er ist schon seit gestern so mies drauf. Irgendetwas muss auf der Tagung passiert sein. Warum sonst reist er so spontan ab?«

»Vielleicht wollte er nicht, dass du mit Silke zusammentriffst.«

»Seine Kollegin, Silke Pünjer?«

»Du kennst sie?«

»Er hat uns vorgestellt.«

»Und hat er dir auch gesagt, dass sie seine Ex ist?«

»Nein, das hat er nicht! Ist das zu fassen? Mir macht er Vorwürfe, dass ich zum Vater meiner Kinder ein harmonisches Verhältnis pflege und was macht er?«

»Die Sache mit ihm und Silke ist schon so lange Geschichte.«

»Das ist die Geschichte mit mir und Roman auch!«

»Aber sie wohnt nicht bei euch.«

»Ihr Haus ist auch nicht völlig ausgebrannt!«

»Was soll das werden mit euch? Eine Ehe zu dritt? Wenn ja, darf ich es Mama erzählen? Oh ja, bitte! Darf ich? Dann bin nicht mehr ich die missratene Tochter, sondern das bist endlich einmal du!«

»Halt die Klappe, Tanja. Das ist nicht witzig!«

»Mal ganz ernsthaft, Ella. Was empfindest du noch für Roman? Ich weiß, er war deine große Liebe. Er ist der Vater deiner Kinder und er bereut es offensichtlich, dich wegen dieser Tussi verlassen zu haben.«

»Ich liebe ihn nicht mehr! Wenn ich Mats sage, dass er der Mann für mich ist, dann ist es die reine Wahrheit.«

»Dann handle künftig auch so. Und setze endlich einen Schlusspunkt.«

»Ich soll Roman vor die Tür setzen? In seiner Situation?«

»Das wäre schon mal ein Anfang!«

Ich verabschiede mich um ein Uhr nachts mit der Gewissheit, mein Schwesterchen schon am Heiligabend wiederzutreffen. Sie wird mit meinen Eltern bei uns zu Gast sein. Aber ich komme nicht weg. Irgend so ein Dussel hat mich zugeparkt. Ich kenne den Fahrer der S- Klasse persönlich, gehe zu seinem Wagen und frage Mats, seit wann er in dieser Affenkälte auf mich wartet.

»Ella, es tut mir so leid. Ich bin ein Trottel.«

»Ich widerspreche nicht!«

»Verzeihst du mir?«

»Hast du ihn umgehauen?«

»Doch nicht vor den Kindern.«

»Denkst du immer noch, dass ich …«

»Natürlich nicht! Können wir jetzt bitte nach Hause. Ich habe schon Gefrierbrand an den Händen.«

Ella - Countdown

Noch neun Stunden, dann ist unsere Bude voll. Ich stecke mitten in den Vorbereitungen für das Festessen, das noch zubereitet werden muss, während Roman und die Kinder sich zu seinem Haus aufmachen. Als Mats sich ihnen auch noch anschließen will, pfeife ich ihn zurück.

»Ihr wollt mich doch wohl nicht mit der ganzen Arbeit allein lassen? Einer muss die Einkäufe übernehmen.«

Mit einer Liste macht Mats sich auf den Weg und ich beschließe, mit dem Kochen der Suppe zu beginnen. Ich suche gerade die CD mit Weihnachtsliedern, die meine Arbeit stimmungsvoll untermalen soll, als das Telefon klingelt. Ich rechne fest mit meiner Mutter, die auf dem Festnetzanschluss anruft, um mir anzubieten, einen Nachtisch oder einen Kuchen mitzubringen. Das wäre nicht ungewöhnlich und gehört seit über vierzehn Jahren schon zum weihnachtlichen Ritual. Ich würde ihr wie immer sagen, dass es nicht nötig ist und ich alles im Griff habe und sie würde antworten, dass ich mir nicht so viel Arbeit machen soll und sie auf jeden Fall backen wird und sie den Kuchen auch mitbringen wird.

»Ja, gern, Mama. Bringe einen Topfkuchen mit«, lache ich ins Telefon, ohne mich vorher zu melden.

»Bin ich dort bei Breyer?«

»Ja, entschuldigen Sie bitte. Ich war der Ansicht, meine Mutter wäre dran. Mit wem spreche ich?«

»Mein Name ist Griesbach. Ich hätte gern Herrn Mats Breyer gesprochen.«

Dr. Griesbach, der falsche Kellner aus dem Stuttgarter Hotel und Mats Chef.

»Es tut mir leid, Dr. Griesbach, Mats ist unterwegs. Kann ich etwas ausrichten?«

»Ja, bitte. Er möchte mich doch bitte zurückrufen. Würden Sie meine private Handynummer notieren?«

Ich notiere und erhalte noch die besten Wünsche für ein besinnliches Fest; dann legt er auf.

Ich bin noch nicht wieder in der Küche zurück, als es erneut klingelt. Diesmal melde ich mich mit Namen. Es ist Silke, die nach Mats fragt. Ich wiederhole meinen Spruch und rate ihr, es auf seinem Handy zu versuchen, wenn es wirklich so dringend ist. Keine Minute später klingelt sein

Handy. Es liegt auf dem Tisch im Wohnzimmer und ich muss meine Arbeit erneut unterbrechen. Wenn das so weitergeht, gibt es heute statt einer Suppe einen Rohkostsalat als Vorspeise.

»Tut mir leid, Silke. Mats hat sein Handy zu Hause vergessen. Soll ich ihm etwas ausrichten?«

»Er soll mich sofort anrufen. Es ist unheimlich wichtig.«

»Was ist los? Dr. Griesbach hat auch schon angerufen. Hat es etwas mit unserer vorzeitigen Abreise zu tun? Bekommt Mats deswegen Ärger?«

»Er hat nicht mit dir gesprochen?«

Ungern gebe ich es zu. Ich erfahre, dass nicht Mats, sondern Silke kurz davor steht, enormen Ärger zu bekommen.

»Bevor Mats mit Dr. Griesbach spricht, muss er erst mich anhören. Wann kommt er zurück?«

»Nicht vor ein, zwei Stunden.«

»Gut, dann nehme ich mir jetzt ein Taxi und komme zu euch.«

»Du bist in Hamburg?«

»Ja, gerade gelandet. Also bis gleich.«

Was zum Teufel geht hier ab? Was soll die ganze Aufregung?

Sie trifft vor Mats ein und erzählt mir von ihrem Angebot, das sie ihm in Stuttgart unterbreitet hat.

»Eine Top-Position und eine einmalige Gelegenheit. Aber er hat abgelehnt, weil du nicht mit nach Berlin ziehen würdest.«

»Und weshalb bekommst du nun Ärger?«

Vor mir sitzt ein Häufchen Elend, kurz davor in Tränen auszubrechen. Sie hat nichts mehr gemein mit der selbstbewussten, tipptopp gestylten Geschäftsfrau, die mir in Stuttgart vorgestellt wurde.

»Es hagelt seit drei Tagen Kündigungen. Ich habe Mats streng geheime Pläne anvertraut. Und so wie es aussieht, hat er gequatscht.«

»Mats und gequatscht? Nie im Leben. Er hat ja noch nicht einmal mir davon erzählt.«

Ein lautes Hupen unterbricht unsere Unterhaltung. Endlich ist er zurück und ruft mir zu, ich solle ihm beim Ausladen helfen.

»Hab alles bekommen.«

»Super. Du kannst schon ganz allein einkaufen, mein Supermann. Geh schon vor. Du hast Besuch. Silke ist da und will dich sprechen.«

Ich nehme mir zwei Einkaufstüten aus dem Kofferraum und höre das kurze Gespräch der beiden, als ich in die Diele trete.

»Was machst du hier?«

»Ich will nur eins wissen: Hast du geplaudert?

Wem hast du von den Umstrukturierungsplänen erzählt?«

»Nicht ein Wort ist über meine Lippen gekommen.«

»Nur du wusstest davon!«

»Wirklich? Dann überlege noch einmal genau, bevor du hier solche Anschuldigungen loslässt. Wer hat dir in den Nächten Gesellschaft geleistet und hatte Zugang zu deinen brisanten Unterlagen?«

»Scheiße!«

»Und jetzt entschuldige mich bitte. Ella und ich haben noch viel Arbeit vor uns. Frohes Fest, Silke.«

»Das war nicht sehr nett von dir, Mats. Warum hast du sie so abserviert?«

»Ach Ella. Lass uns nach Weihnachten darüber sprechen.«

»Willst du mir nicht sagen, was dich seit Tagen so bedrückt?«

»Nein, nicht heute.«

»Okay, nicht heute, sondern jetzt sofort!«

»Ich werde über kurz oder lang meinen Job los.«

»Aha. Und das machst du ganz allein mit dir aus?«

»Ich wollte uns das Fest nicht verderben.«

»Deine Sorgen sind auch meine Sorgen, hörst du?

Obwohl ich finde, dass das kein richtiger Grund zur Beunruhigung ist. Mit deinen Fähigkeiten findest du sofort wieder eine neue Stelle. Ach ja, Dr. Griesbach hat angerufen. Er will dich dringend sprechen.«

»Der soll warten. Jetzt helfe ich dir erst einmal in der Küche.«

Ich habe das Gefühl, ihm ist eine zentnerschwere Last von den Schultern gefallen.

Ella - Showdown

Die Suppe ist doch noch fertig geworden und der Baum ist geschmückt. Meine Mutter hat einen Butterkuchen mitgebracht und ich unterliege mal wieder bei der Abstimmung, als es darum geht, ob die Bescherung vor oder erst nach dem Essen stattfinden soll. Ich bin dafür, es danach stattfinden zu lassen, denn es ist zu befürchten, dass mein Geschenk dem einen oder anderen am Tisch den Appetit nehmen könnte.

»Pack aus!«, sage ich zu Mats und kann seine Reaktion kaum erwarten.

»Was ist es? Zeig doch mal!«, fordert Finn lautstark. Bestimmt denken alle, ich würde ihm eine Uhr oder ein Armband schenken, denn Form und Größe des Päckchens lassen diese Vermutung zu. Mats begreift sofort und strahlt über das ganze Gesicht, als er den Schwangerschaftstest sieht. Es hält ihn nicht mehr auf dem Stuhl und er kommt zu mir, um mich in den Arm zu nehmen. Mit Freudentränen verkündet er die Neuigkeit, die meine Schwester Tanja bereits kennt.

»Wir bekommen ein Baby. Ella ist schwanger.«

»Wie konnte denn das passieren?«, fragt Finn und alle am Tisch lachen. Laura beschäftigt eine ganz andere Frage: »Und wo, bitteschön, soll das Baby wohnen? Hier ist kein Zimmer mehr frei.«

»Stimmt, du Schlauberger«, sage ich zu meiner Tochter. Wir werden uns ein neues Haus suchen. Und zwar in Berlin.«

Diese Nachricht lässt alle auf der Stelle verstummen. Es ist Roman, der das ausspricht, was alle denken.

»Berlin? Warum denn das?«

»Aus beruflichen Gründen. Mats hat ein super Angebot erhalten.«

»Und die Kinder?«

»Werden in Berlin zur Schule gehen. Nun macht nicht so ein Gesicht! Es sind gerademal 280 km von Hamburg bis in die Hauptstadt. Und mit der Bahn fährt man weniger als zwei Stunden. Wollen wir jetzt essen oder braucht hier noch jemand einen Schnaps?«

Roman und mein Vater gönnen sich einen Schnaps und Mats folgt mir in die Küche. Wieder umarmt er mich und flüstert mir leise zu:

»Du wärst wirklich bereit, mit mir nach Berlin zu gehen?«

»Mit dir würde ich überall hingehen.«

»Kein schlechtes Gewissen mehr wegen Roman?«

»Roman ist erwachsen. Es wird Zeit, dass ich ihn wieder in die freie Wildbahn entlasse. Hier bei uns findet er keine neue Frau.«

Ella - Happy New Year

Es ist nicht Roman, mein Ex-Mann und Vater meiner Kinder, der ein Veto gegen unseren Plan einlegt, sondern es sind Laura und Finn. Nicht oft, aber in diesem Fall sind sich die Geschwister ausnahmsweise zu hundert Prozent einig. Niemals werden sie freiwillig von Hamburg nach Berlin umziehen.

»Dann bleibe ich bei Papa«, bestimmt meine Tochter und Finn schreit, dass wir uns geschnitten haben, wenn wir denken, wir könnten aus ihm einen Hertha-Fan machen. Mats macht einen Vorschlag zur Güte.

»Was haltet ihr davon, wenn wir uns das Feuerwerk vor dem Brandenburger Tor ansehen?«

Aber auch sein Angebot, über Silvester und Neujahr in die Hauptstadt zu reisen und die Gegend zu erkunden, stößt auf taube Ohren. Also feiern wir ohne Kinder bei meiner Schwester Tanja. Sie weiß, wie man Party macht.

»Man sieht ja noch gar nichts«, bemerkt der werdende Vater enttäuscht, als ich mich vor dem großen Spiegel im Schlafzimmer für den Abend fertig mache. Statt mir mit dem Reißverschluss zu helfen, zieht er mich aufs Bett und überschüttet meinen (noch) flachen Bauch mit Küssen.

»Noch hat das Baby die Größe einer Kidneybohne. Geduld, mein Schatz. Ich werde schon noch dick und rund. Warte es nur ab.« Wenn es nach ihm geht, soll meine Schwangerschaft maximal dreißig Tage dauern. »So schnell schaffen es nur die Zwergkaninchen«, lache ich ihn aus und sage, dass ich froh bin, noch einige Monate Zeit zu haben, bis es soweit ist.

Irgendwie will heute Abend keine Stimmung bei mir aufkommen. Ich sehe den anderen Gästen dabei zu, wie sie sich köstlich amüsieren, einen leckeren Cocktail nach dem anderen schlürfen, draußen auf der Terrasse rauchen und im Flur zur lauten Musik tanzen. Ich glaube, ich werde langsam alt. Dass ich dem Alkohol und Nikotin abschwören musste, kompensiere ich nun durch übermäßigen Appetit. Ich stehe schon wieder in der Küche und stopfe mir den Mund voll, als Mats mich von hinten anspricht.

»Sie sind also Tanjas Schwester?«

Damit bringt er mich sofort zum Schmunzeln,

denn ich erinnere mich noch genau an die Situation, als wir uns das erste Mal exakt an diesem Platz begegnet sind und er das Gespräch mit genau diesen Worten begann. Er überspringt einen Großteil unserer damaligen Unterhaltung und fragt, ob ich Lust hätte, irgendwann einmal mit ihm ins Kino zu gehen.

»Lieber würde ich jetzt mit Ihnen zu mir fahren. Ich habe sturmfreie Bude, denn meine Kinder sind bei ihrem Vater. Und von meinem Bett hätten wir eine wunderbare Aussicht auf das bevorstehende Feuerwerk.«

»Warum hast du das damals nicht zu mir gesagt, statt mich erst monatelang durch alle Kinos der Stadt zu schleppen?«

»So ein Angebot unterbreite ich nur am Silvesterabend. Also? Wollen wir?«

»Nichts wie los!«

Die Festtage sind überstanden und die Kinder gehen wieder in die Schule. Nachdem Laura eine ganze Woche lang mit mir gemault hat, sogar zeitweise in den Hungerstreik getreten ist und Finn mir seit Tagen seinen Gutenachtkuss verweigert, kehrt jetzt endlich wieder Normalität ein. Ich bin mir sicher, dass Mats etwas damit zu tun hat.

Bestimmt hat er den Kindern wieder irgendetwas in Aussicht gestellt, das für ihren plötzlichen Sinneswandel verantwortlich ist. Und abermals hatte ich die richtige Ahnung. In Berlin werden wir uns einen Hund anschaffen. Das ist der Deal.

»Ohne mich zu fragen?«

»Zieh kein Gesicht, Schatz. Bei dieser Abstimmung wärst du sowieso wieder 1:3 unterlegen.«

»Die Gewichtung der Stimmrechte muss dringend einer Korrektur unterzogen werden. Bald sind wir den Kindern gegenüber in der Unterzahl und du weißt, was das bedeutet. Dann wären wir einer Zwölfjährigen, einem Siebenjährigen und einem Neugeborenen hoffnungslos ausgeliefert«, lache ich und werde lieb in den Arm genommen.

Seit gestern steht ein Schild mit der Aufschrift ZU VERKAUFEN auf unserem Grundstück. Die Maklerin meint, dass sie das Haus binnen sechs Wochen zu einem unanständigen Preis verkaufen könnte. Das wird auch nötig sein, denn Mats plant, auch in Berlin eine eigene Immobilie zu beziehen und die Preise in der Hauptstadt sind nicht ohne. Täglich zeigt er mir Exposés von Häusern in Grunewald. Aber stets hat er etwas an den Objekten auszusetzen. Mir gefallen alle, aber nicht eins davon könnte ich mir je leisten. Also halte ich mich bei diesem Thema zurück.

»Wir kommen nicht drum herum und werden uns die Häuser vor Ort ansehen müssen. Kann ich für morgen einen Termin vereinbaren?«

»Dann wirst du ohne mich fahren müssen. Morgen ist die Gerichtsverhandlung und danach muss ich in die Firma und mit meinem Chef über die Kündigung sprechen.«

Mats - Dach über dem Kopf

Ella meint es tatsächlich ernst und kommt mit mir nach Berlin. Sie ist bereit, für mich alle Brücken hinter sich abzubrechen und bekennt sich zu mir. Sogar ihren Kindern mutet sie einen Orts- und Schulwechsel zu. Gibt es noch einen besseren Liebesbeweis? Natürlich wäre ich viel lieber zusammen mit ihr gefahren, um nach einem geeigneten Zuhause für uns zu suchen. Ein Haus mit mindestens vier Schlafzimmern. Eins für uns, eins für Laura, eins für Finn und eins für unser Baby. Ja, ich werde Vater. Endlich! Mein größter Wunsch ist in Erfüllung gegangen. Ob Junge oder Mädchen ist mir eigentlich egal. Mein Chef, Dr. Griesbach, hat mir bereits gratuliert. Er hat mir jegliche Unterstützung zugesagt und ist ganz wild darauf, Ella endlich kennenzulernen.

»Mit einem Baby wird Ihre Frau ausreichend beschäftigt sein und Sie nicht allzu sehr vermissen, wenn Sie sich der beruflichen Herausforderung stellen. Ich habe Großes mit Ihnen vor, Mats.«

»Ich bin dabei«, habe ich ihm geantwortet, denn ich muss Kohle scheffeln. Das Leben als Familienvater kostet. Und ich will, dass Ella sich keine Sorgen machen muss. Zumindest nicht, was finanzielle Dinge angeht.

Wie sehr sich doch meine Prioritäten verändert haben. Ich suche nichts in der City, von wo man zu Fuß die Kneipen, Bars und Kinos erreichen kann. Das Haus meiner Wünsche soll im Grünen liegen. Verkehrsberuhigt und nah an Schulen und Kindergärten. Wir brauchen keinen Balkon, sondern einen Garten, in dem unser Kind das Laufen und Toben lernen soll. Ein Baum wäre schön. Dann könnte ich ein Baumhaus bauen, von dem ich selbst als Knirps immer geträumt habe. Wenn es ein Junge wird, würde ich ihn gern Jannis nennen. So hieß mein verstorbener Vater, den ich viel zu früh verloren habe. Oh Gott. Er war genau in meinem Alter, als er verstarb. Ich nehme mir fest vor, länger zu leben. Lang genug, um meinen Sohn aufwachsen zu sehen.

Soll diese Bruchbude etwa die idyllische Jugendstil-Villa aus dem Internet sein? »Vergessen Sie es«, sage ich zu dem Makler. »Ich bin kein Heimwerker. Die wenige freie Zeit will ich nicht mit der Renovierung eines baufälligen Hauses verbringen, sondern mit meiner Familie.« Meiner Familie! Wie toll das klingt. Der Immobilienkaufmann rümpft die Nase. Er ist mir genauso unsympathisch wie die Objekte, die er mir seit Stunden zeigt. Für eine Provision von 6 Prozent des Kaufpreises zuzüglich Mehrwertsteuer könnte er wenigstens ein freundliches Gesicht machen. Macht er aber nicht. Sichtlich beleidigt empfiehlt er mir, mich besser nach einem geeigneten Grundstück umzusehen und ein Haus nach unseren Plänen bauen zu lassen. Keine schlechte Idee. Ich will Ella anrufen und sie fragen, was sie von diesem Vorschlag hält, aber sie geht nicht ran. Ich werde heute Abend mit ihr dieses Thema ausführlich besprechen.

Na klar bin ich nervös und mir ist nicht wohl bei dem Gedanken, gleich auf Ivonne zu treffen. Auf ihre zahlreichen Mails, die sie mir nach der Entlassung aus dem Krankenhaus geschrieben hat, habe ich nie geantwortet. Wenn sie mich zu Hause oder in der Firma angerufen hat, habe ich sofort aufgelegt.

»Ich will es nur verstehen!«, hat sie immer wieder gebrüllt. Was gibt es da zu verstehen? Ich wollte mich von ihr trennen und zu meiner Frau und meinen Kindern zurück. Ist das etwa ein Grund, mich und die Kinder unter Betäubungsmittel zu setzen? Nein, Ivonne ist eindeutig zu weit gegangen und ich bin froh, wenn das Kapitel nach dem heutigen Tag endgültig abgeschlossen ist.

Ella hat es auch geschafft, einen Neuanfang zu machen. Mit ihrer neuen Liebe geht sie tatsächlich nach Berlin. Sie sagt, sie hätte ein Recht darauf, auch wieder glücklich zu sein und ich solle mich endlich damit abfinden, dass es zwischen uns nie wieder so wird, wie es einmal war. Natürlich verstehe ich sie und ich will ihr auch nicht im Weg stehen. Aber muss es denn ausgerechnet Berlin sein? Immerhin sind es auch meine Tochter und mein Sohn, die mit ihr gehen. Ella weiß, was mir meine Kinder bedeuten. Das letzte Wort ist darüber noch nicht gesprochen. Nach der Gerichtsverhandlung werde ich noch einmal den Versuch unternehmen und mit ihr in Ruhe sprechen.

Ella - Im Namen des Volkes

Erst Mats verabschieden, rasch die Kinder zur Schule fahren und dann zurück in die City zum Sievekingsplatz. Pünktlich erscheine ich vor dem Landgericht Hamburg und frage mich zur Strafkammer durch. Roman ist auch schon da. Er sitzt auf einer Bank und erhebt sich, als er mich die Treppe hinauflaufen sieht. Unsere Blicke wandern den langen Flur entlang, wo sich Anwälte in ihren schwarzen Roben und dicken Akten unter dem Arm mit ihren Mandanten in leisem Flüsterton besprechen.

»Ist sie schon drin?«, frage ich Roman, denn ich kann Ivonne nicht entdecken. Der Frau, die meine Kinder betäubt und allein in Dänemark zurückgelassen hat, gleich von Angesicht zu Angesicht gegenüberzustehen, bereitet mir schweißnasse Hände. Ich war erst ein Mal in meinem Leben vor Gericht, als Roman und ich geschieden wurden. Diese Prozedur hat keine zehn Minuten gedauert. Jetzt warten wir schon fast eine halbe Stunde und Ivonne wird bereits zum zweiten Mal namentlich aufgerufen. Wenig später stellt sich uns ein Herr vor. Er ist der zuständige Staatsanwalt.

»Sollte die Angeklagte nicht binnen der nächsten Minuten erscheinen, lässt der Richter sie per Haftbefehl polizeilich vorführen«, informiert er uns. Es ist scheinbar ihr Anwalt, der verzweifelt versucht, sie telefonisch zu erreichen.

»Meinst du, sie hat sich abgesetzt?« Aber auch Roman hat keine Ahnung. Seit Fanø hat er sie nicht wiedergesehen. Roman vermutet, dass sie für den Brand in seinem Haus verantwortlich ist. Er schwört Stein und Bein darauf, keine Kerze angezündet zu haben. Auf meine Frage, ob sie etwa immer noch einen Schlüssel hat, antwortet er mit »Ja« und ich schüttle verständnislos den Kopf über seine Fahrlässigkeit. Wir werden als Zeugen entlassen und gehen völlig ahnungslos zu unseren Wagen.

»Und was passiert nun?«, will ich von Roman wissen.

»Nun sollten wir bei mir zu Hause einen Kaffee trinken. Die Kinder kommen nach der Schule dorthin, und um noch zur Arbeit zu fahren, ist es ja wohl mittlerweile zu spät.«

Roman hat recht. Ich melde mich kurz in der Firma und gebe Bescheid, dass ich heute nicht mehr komme.

»Richtig nett hast du es dir gemacht«, lobe ich meinen Ex-Mann, als ich in sein frisch renoviertes und neu möbliertes Haus trete. Ich kenne die Einrichtung aus dem aktuellen IKEA-Katalog, den auch ich im Sommer per Post erhalten habe. Roman zeigt mir die Kinderzimmer und ich weiß schon, was jetzt kommt.

»Nein, mein Entschluss steht fest. Es bleibt dabei, wir gehen mit Mats nach Berlin. Über die Ferien können wir jederzeit sprechen. Wann immer du Zeit hast, die Kinder zu dir zu nehmen, ist es für mich in Ordnung. Aber bitte lass uns jetzt keinen neuen Streit vom Zaun brechen. Sag mal, hast du etwas zu Essen im Haus? Ich hab schon wieder so einen Bärenhunger.«

»Dann wird es wohl nochmal ein Junge. Bei Finn hast du auch alles in dich hineingeschaufelt.«

Ich bekomme ein dickes Stück Käse, eine fingerdicke Scheibe Mettwurst und ein kleines Glas mit Schlesischen Gurken. Die beiden Brotscheiben, die hellbraun aus dem Toaster springen, beschmiert er mit Butter und Honig für mich. Perfekt!!! Ein Blick auf die Uhr zeigt mir, dass die Kinder jeden Moment eintrudeln werden. Ich lehne Romans Angebot ab, noch ein Mittagessen für uns zu kochen und nutze die Zeit, um Mats eine SMS zu schicken.

Der Prozess ist geplatzt. Ivonne ist nicht erschienen. Fahre gleich mit den Kindern nach Hause. Hab Dich ganz doll lieb. Küschen -Ella

Danach streife ich mir den Mantel über, greife meine Handtasche und gehe aus dem Haus. Schon von weitem kann ich Laura und Finn sehen, die in einer Gruppe mit anderen Schulkindern auf dem Bürgersteig trödeln.

»Ein bisschen Beeilung!«, rufe ich ihnen zu und öffne schon die Wagentüren für sie. Statt einzusteigen, laufen sie zu mir auf die Straße und stehen vor der Fahrertür. Laura bettelt darum, heute bei ihrem Vater schlafen zu dürfen, weil sie sich mit ihrer Freundin verabredet hat. Finn quatscht unaufhörlich dazwischen und erzählt von einem geplanten Schulausflug.

»Steigt endlich ein!«, fordere ich nun in forschem Ton, weil ich einen Wagen bemerke, der sich uns mit deutlich überhöhtem Tempo nähert. Und nicht nur das. Der Fahrer verlässt seine Spur und lenkt sein Fahrzeug direkt auf uns zu. Es ist kein Fahrer. Es ist eine Fahrerin. Ich erkenne sie sofort. Statt ihren Namen zu rufen, höre ich Roman schreien.

»Ella, pass auf!« Mir bleibt nur der Bruchteil einer

Sekunde, um zu reagieren. Reflexartig schubse ich meine Kinder zur Seite. Danach spüre ich den harten Aufprall und es wird sofort dunkel um mich.

Roman - Es ging alles so schnell

Die Kinder schreien und ich bin im ersten Moment wie gelähmt vor Schreck. Ich kann nicht fassen, was gerade passiert ist. Ella liegt regungslos auf dem Boden und Ivonne rast mit ihrem Wagen davon. Binnen weniger Augenblicke bildet sich eine Traube mit Schaulustigen, die sich um uns versammelt. Ich beuge mich über sie und rufe ihren Namen, aber sie reagiert nicht. Dicht hinter mir ist eine Frauenstimme zu hören, die den Notruf alarmiert. Danach stößt sie mich zur Seite und leistet Ella Erste Hilfe. Erst jetzt erkenne ich sie. Es ist Frau Dr. Höller aus dem Nebenhaus. Die junge Ärztin bringt Ella in die stabile Seitenlage und überprüft ihren Puls.

»Eine Decke! Holen Sie eine Decke«, befiehlt sie mir. Als ich mit Decken und Kissen aus dem Haus zurückkomme, ist schon die Sirene des Krankenwagens zu hören. Das ist ein Albtraum!

Während Ella im Wagen des Notarztes versorgt wird, rufe ich Tanja an. Ich bitte sie, umgehend zu kommen und auf die Kinder aufzupassen, damit ich ihre Schwester ins Krankenhaus begleiten kann. Sie sagt ihr Kommen sofort zu. Meine Ex-Schwiegereltern stehen ebenfalls unter Schock, als ich ihnen in kurzen Worten berichte, was sich gerade ereignet hat. Wir werden uns vor der Notaufnahme treffen. Um Mats zu informieren, brauche ich Ellas Handy, denn ich habe seine Nummer nicht. Er begrüßt mich mit: »Hey Schatz. Du, ich habe eine tolle Idee …« Als ich ihn unterbreche und sage, dass Ella gerade schwer verletzt ins Krankenhaus gebracht wird, ändert sich seine Tonlage und er sagt: »Ich komme!«

Erst nach zwei Stunden erfahren wir, dass keine Lebensgefahr besteht. Außer diversen Knochenbrüchen und Prellungen hat sie den Unfall gut überstanden. Unfall? Nein, das war kein Unfall. Das war ein geplanter Anschlag und ist ein Fall für die Polizei. Statt direkt zu meinen Kindern zu fahren, mache ich mich auf den Weg zur Wache, um bei der Kripo Anzeige zu erstatten.

Ella - Schmerzen in der Brust

Mein rechtes Bein ist vom Knie bis zur Hüfte komplett zertrümmert. Nach der komplizierten Operation habe ich unerträgliche Schmerzen. Ich bin seit Tagen ans Bett gefesselt und kann nur meinen Oberkörper bewegen. Wenn die Kinder mich im Krankenhaus besuchen, gebe ich mich tapfer. Ihnen ist nichts passiert und sie kamen mit dem Schrecken davon. Sobald sie den Raum wieder verlassen, kullern meine Tränen, denn ich habe unser Baby verloren. Mats ist genauso traurig wie ich, auch wenn er es nicht offen ausspricht, sondern immer wieder beteuert, dass er nur heilfroh ist, dass ich diesen Anschlag überhaupt überlebt habe.

Heute werde ich von der Polizei vernommen. Ein Kripo-Beamter sitzt vor meinem Krankenbett. Ich wiederhole den Tathergang und unterschreibe meine Aussage. Ivonne ist noch immer flüchtig. Solange sie nicht gefasst ist, habe ich keine ruhige

Minute. Die Angst um meine Kinder bringt mich fast um den Verstand, denn mir ist klar, dass diese Irre keine Skrupel hat. Sie wird wieder versuchen, uns etwas anzutun. Der Polizist verspricht mir, mich sofort zu informieren, sobald es Neuigkeiten gibt.

»Wie kann man nur eine so durchgeknallte Person bis zur Verhandlung auf freiem Fuß lassen? Diese Frau ist komplett wahnsinnig! Sagen Sie mir, was noch alles passieren muss, damit Sie sie endlich einsperren!«

Meine Eltern sind in dieser schweren Zeit eine wahre Stütze. Sie bringen Laura und Finn täglich zur Schule, holen sie wieder ab und fahren sie anschließend zu ihrem Vater. Erst wenn er zu Hause ist, verabschieden sie sich und statten mir einen Besuch ab. Meistens treffen sie zeitgleich mit Mats ein. Während sie mir frische Wäsche, Obst und Zeitschriften bringen, sitzt er stundenlang nur stumm an meinem Bett und hält meine Hand. Heute ist es anders und er bricht sein Schweigen.

»Ella, es tut mir leid, aber am Montag muss ich in Berlin antreten. Vorerst werde ich in einem Hotel übernachten und nur zu den Wochenenden zu dir kommen können. Sobald du wieder aufstehen kannst, hole ich euch.«

»Es kann noch Wochen dauern, bis ich wieder laufen kann. Ich habe mit Roman besprochen, dass die Kinder bis zum Ende des Schulhalbjahres bei ihm bleiben.«

»Und warum weinst du schon wieder? Hast du Schmerzen?«

Nicht in den Beinen. Es ist der andauernde Druck in der Brust, der mir ständig das Wasser in die Augen treibt.

Tanja ist die Einzige, der ich anvertraue, weshalb ich ständig heulen muss. Ob ich je wieder schwanger werden kann, steht in den Sternen«, beichte ich meiner Schwester unter dem Siegel der Verschwiegenheit.

»Und Mats hat keine Ahnung?«

»Ich habe es ihm noch nicht gesagt. Er wünscht sich so sehr ein eigenes Kind.«

»Ach Ella. Komm doch erst einmal wieder zu Kräften, bevor du dir Gedanken über ein Baby machst.«

Mats - Allein in der Großstadt

Die neuen Büroräume sind eindrucksvoll und in den gleichen Farben wie in der Hauptverwaltung gehalten. Von meinem Arbeitszimmer habe ich einen tollen Blick und die meisten Mitarbeiter sind mir bereits bekannt. Ehemalige Kollegen, die statt einer Kündigung von mir eine neue Festanstellung bekommen haben. Sie sind wie ich auf Wohnungssuche und bis es soweit ist, haben wir ein einfaches Hotel bezogen. Es liegt unweit vom Firmengebäude entfernt und ist zweckmäßig – mehr aber auch nicht. Unter der Woche ernähre ich mich von Currywurst und Brathähnchen vom Grill an der Ecke. Mein Arbeitstag beginnt um acht Uhr morgens und endet nie vor elf Uhr abends. Zwischendurch telefoniere ich mit Ella. Kurz bevor wir auflegen, fängt sie regelmäßig an zu weinen. Nach unseren Gesprächen bin ich fix und fertig und lasse mir von meiner Sekretärin einen grünen Tee zubereiten. Frau Kleinschmidt ist Anfang dreißig. Eine nette und kompetente

Person. Eine waschechte Berlinerin, ledig und kinderlos. Sie wohnt im Haus ihrer Mutter, wie sie mir gerade erzählt.

»Aber nicht zusammen in einer Wohnung. Meine Mutter bewohnt das Erdgeschoss und meine Wohnung liegt im Dachgeschoss.«

»Warum denn das? Ich möchte nicht uncharmant wirken, aber sind Sie nicht in einem Alter, in dem man sich auf eigene Füße stellt?« Frau Kleinschmidt schmunzelt und erklärt ihren Entschluss mit den überwiegenden Vorteilen für beide Seiten.

»Meine Mutter ist auf die Mietzahlung der oberen Wohnung angewiesen, möchte aber nicht an fremde Leute vermieten. Und ich brauchte nach meiner Trennung von meinem Freund eine bezahlbare Unterkunft. Außerdem ist meine Mutter eine gute Köchin. Also, jetzt will ich nicht uncharmant wirken, Herr Breyer, aber ich könnte mich nicht täglich von Wurst und Pommes ernähren.«

»Meine Frau kann auch ausgezeichnet kochen. Sobald sie wieder fit ist, ist es mit dem Imbiss-Essen vorbei.«

»Warum so lange warten? Kommen Sie doch heute nach Feierabend mit zu mir zum Essen! Meine Mutter würde sich freuen.«

»Das ist wirklich nett, Frau Kleinschmidt, aber

ich …«

»Es gibt Königsberger Klopse. Oder mögen Sie keine Kapern?«

Ich liebe Kapern.

Meine Befürchtungen, Frau Kleinschmidt würde noch andere Absichten mit ihrer Einladung verfolgen, sind völlig unberechtigt. Es ist ein unverfänglicher Abend, der im Beisein ihrer Mutter in deren Esszimmer stattfindet. Ohne zu übertreiben kann ich sagen, dass sie die weltbesten Klopse zubereitet hat, die ich je gegessen habe.

»Warum mieten Sie kein Haus, Herr Breyer? Wenn Sie wollen, kann ich Ihnen einige interessante Objekte hier in der Nähe zeigen.« Auf meine Frage, ob sie Maklerin ist, lacht sie mich laut aus.

»Nein, ich bin gelernte Krankenschwester im Vorruhestand.«

Ich bedanke mich für das leckere Essen und verabschiede mich.

»Dann bis morgen, Herr Breyer. Es gibt Kasseler mit Sauerkraut. Mögen Sie Kümmel?«

»Ich liebe Kümmel.«

Ella - Meine Zofe

Mats hat ein Haus gemietet. Hier werden wir so lange bleiben, bis er seine Hamburger Immobilie verkauft hat und wir gemeinsam unser Traumdomizil gefunden haben. Das Gebäude ist schön und durch die vielen deckenhohen Fenster ist es lichtdurchflutet. Ein Neubau im puristischen Stil mit vier Schlafzimmern, drei Bädern und einem angelegten Garten von rund 1200 qm, in dem bereits gelbe und weiße Narzissen blühen. Es liegt nur 800 Meter vom See entfernt. Bis ich allerdings dorthin gehen kann, wird noch einige Zeit ins Land gehen. Noch bewege ich mich langsam und mehr schlecht als recht auf meinen Krücken durch das Erdgeschoss. Wie ich es ohne Mats allein nach oben ins Schlafzimmer schaffen soll, ist mir noch nicht klar.

»Frau Kleinschmidt wird dir helfen. Sie kommt ab morgen und betreut dich, während ich nicht zu Hause bin.«

»Betreut mich?«

»Sie ist ein Multitalent. Sozusagen eine Krankenschwester und Haushälterin in einer Person. Sie ist nett. Du wirst sie mögen.«

»Das ist doch komplett verrückt!«

»Nein, Schatz, das ist komplett notwendig. Du sollst dich nur auf deine Reha konzentrieren. Ich will dich so schnell wie möglich wieder in alter Form sehen.«

In alter Form? Das wird wohl schlichtweg unmöglich sein. Hat er etwa meine dicke, wulstige Narbe auf meinem linken Bein noch nicht gesehen? Sie prangt dunkelrot und erhaben auf meiner schneeweißen Haut. Igitt! Nie wieder werde ich kurze Röcke oder Kleider tragen. Sollte ich irgendwann einmal die Krückstöcke in die Ecke stellen können, werde ich mir Hosen und Anzüge kaufen. Statt meiner Dessous trage ich bodenlange Nachthemden, die meinen geschundenen Körper umhüllen und die Stellen verdecken, die ich keinem Menschen freiwillig zeigen werde. Und Mats schon mal gar nicht! Ja, mein Gesicht und meine Arme darf er streicheln. Mehr nicht!

Via Skype chatte ich mit den Kindern. Ja, es ist schön hier und ja, es geht mir gut, lüge ich.

»Bis morgen meine Engel«. Finn winkt so lange in die Kamera, bis sich bei mir schon wieder ein

Kloß im Hals bildet. Ich will ihm nicht nur zuwinken, sondern ihn auf den Arm nehmen, ihn an mich drücken, küssen und ihn spüren. Aber ich spüre nur Leere und unvorstellbare Traurigkeit. Zwar bin ich lediglich 280 km von ihnen entfernt, dennoch fühle ich mich, als wenn ich auf einem anderen Planeten gelandet wäre.

Es ist kurz vor Ostern. Statt mit den Kindern Eier zu färben oder für den großen Familien-Brunch einzukaufen, sitze ich im Bademantel vor dem großen Panoramafenster im Wohnzimmer und schaue gedankenversunken in den Garten. Mats hat Frühstück gemacht und steht bereits geschniegelt und gespornt in seinem dunklen Anzug vor mir.

»Kaffee? Extra stark«, sagt er und reicht mir einen Becher. Immer wieder schaut er auf seine Uhr und ich weiß, dass er ungeduldig auf das Eintreffen meiner »Betreuerin« wartet. Ich halte es noch immer für eine Schnapsidee, mir eine Hilfe zur Seite zu stellen. Hilfe wofür? Hier im Haus muss nicht täglich geputzt werden. Es ist niemand da, der Dreck machen könnte. Laura und Finn sorgen im Haus ihres Vaters für Unordnung und Mats ist so akkurat, dass ich das Gefühl habe, hier in einem sterilen Musterhaus zu wohnen. Kochen muss ich auch nicht, denn ich selbst verspüre keinen Hunger und er isst mittags in der City. Für den Weg zur täglichen Krankengymnastik könnte ich mir ein Taxi nehmen, obwohl ich bezweifle, dass sich die Steif- und Taubheit in meinem Bein überhaupt je wieder legen wird.

Es klingelt und sichtbar erleichtert geht Mats an die Tür. Ich höre die beiden im Flur leise miteinander reden. Wenn noch etwas bei mir funktioniert, dann ist es mein Gehör.

»Gut, dass Sie endlich da sind. Ella hat heute keinen guten Tag«, höre ich ihn sagen. »Also toi, toi, toi, Frau Kleinschmidt. Ich verlasse mich auf Sie!«

Gundula Kleinschmidt ist eine Frau im Alter von Ende fünfzig oder auch Mitte sechzig. Ganz genau festlegen möchte ich mich nicht. Sie ist flott, wie wir in Hamburg sagen. Der sportliche, schicke Typ mit frecher Kurzhaarfrisur und einer noch frecheren Klappe.

»Ich bin Gundi«, stellt sie sich vor. »Und wo ist Frau Berger?«, fragt sie mich.

»Na, das bin ich!«

»Das kann nicht sein. Herr Breyer sprach von ihr als eine Schönheit mit einem bezaubernden Lächeln. Das sind Sie eindeutig nicht!«

»Ich lache nie vor zehn Uhr morgens«, gebe ich schnippisch zurück.

»Na dann werde ich die nächste Stunde mal abwarten. Und jetzt geht es ab ins Bad! Ich denke, eine heiße Dusche und Haare waschen ist bitter nötig.«

»Ich war schon im Bad!«

»Nicht schwindeln, Ella! Du muffelst ganz gewaltig.«

»Ich wüsste nicht, dass ich Ihnen schon das Du angeboten habe!«

»Das wäre ja wohl auch der Witz des Tages, schließlich bin ich die ältere von uns beiden. Also was ist? Willst du hier noch länger rumstinken oder gönnen wir dir ein wenig Wasser und Seife?«

»Frau Kleinschmidt, reden Sie nicht mit mir wie mit einem kleinen Kind!«

»Gerne! Sobald du dich nicht mehr so benimmst, ändere ich meinen Ton auf der Stelle. Und nun los! Der Termin zur Krankengymnastik ist um 11 Uhr.«

Ich bitte sie, mich im Badezimmer allein zu lassen und stelle mich unter die heiße Dusche. Als ich nach einigen Minuten die Tür der Kabine zur Seite schiebe, sehe ich sie auf dem Klobecken sitzen. Sie hält ein Handtuch in der Hand und wirft es mir zu. Ich fange es auf und komme sofort ins Trudeln.

»Gehen Sie bitte raus. Ich möchte nicht, dass Sie mich anschauen!«

»Warum denn das nicht? Bist du etwa prüde?«

»Ich bin nicht prüde, aber Sie sind scheinbar blind! Oder wollen sie tatsächlich behaupten, dass Ihnen meine Narben nicht aufgefallen sind?«

»Ich sehe nur Haut und Knochen. Und damit sich das ändert, bin ich hier.«

»Raus jetzt!«

Endlich verlässt sie das Bad und ich halte mich noch immer mit einer Hand am Waschbecken fest. Mit der anderen versuche ich, mich abzutrocknen. Danach wickle ich mich fest in das flauschige Badehandtuch und zurre es unter der Achsel fest. Um meine Haare zu trocknen, lasse ich mich auf den Hocker fallen, den Mats extra für mich vor den Spiegel gestellt hat. Bei genauerer Betrachtung muss ich Frau Kleinschmidt beipflichten. Mein Spiegelbild zeigt das Bild einer blassen und dürren Person, die mir regelrecht fremd ist. Ich habe während des Krankenhausaufenthaltes mehr als sieben Kilo an Gewicht verloren. Um es präzise auszudrücken, mehr als sieben Kilo an Muskelmasse. Meine Haare sind mittlerweile schulterlang und als Frisur kann man das strohige Gestrüpp auf meinem Kopf nicht mehr bezeichnen. Ich ärgere mich darüber, dass ich nicht noch vor meiner Abreise in Hamburg zu meinem Friseur gegangen bin. Haareschneiden ist schließlich Vertrauenssache.

Auf einem Bein hopse ich hinüber ins Schlafzimmer und sehe, wie sie gerade meinen Schrank durchstöbert.

»Suchen Sie etwas Bestimmtes?«

»Ja, ich dachte an einen bequemen Sportanzug. Das wäre genau das Richtige für die anstehende Physiotherapie.«

»Frau Kleinschmidt, bitte! Ich brauche keine Zofe.«

»Du kommst ohne meine Hilfe beim Ankleiden aus? Na, da bin ich ja mal gespannt.«

Sie macht keine Anstalten das Zimmer zu verlassen, sondern setzt sich auf das frisch gemachte Bett und schaut mich prüfend an. Okay. Die Runde geht an sie, denn ohne Hilfe kann ich mir keine Strümpfe anziehen. Ihr triumphierender Blick macht mich noch wütender. Ich will keine Aufpasserin, sondern meine Ruhe haben, um mich ungestört meinem Schmerz hingeben zu können.

Roman - Elternabend

Ich habe nicht die geringste Ahnung, wie Ella das all die Zeit allein geschafft hat. Kinder wecken, ihnen Dampf machen, Frühstück vorbereiten, Pausenbrote schmieren und sie zum zehnten Mal auffordern, sich zu beeilen. Bevor ich meinen Dienst antrete, muss ich sie noch zur Schule fahren. Um die Wäsche und die Einkäufe kümmern sich Ellas Eltern. Das könnte ich nicht auch noch leisten. Auf meine tägliche Frage, ob sie schon Hausaufgaben gemacht haben, bekomme ich beim Abendbrot stets die gleiche Antwort.

»Natürlich, Papa. Darf ich noch Fernsehen? Oder darf ich an deinen Computer?« Finn erspart mir heute seine Frage und druckst umständlich herum. Ob ich gute Laune habe, will er wissen. Oder ob ich meckern werde, wenn er mir gleich einen Brief seiner Lehrerin gibt. Ich glaube nicht, was ich gerade schwarz auf weiß lese. Weil ich nicht zum Elternabend erschienen bin, bittet mich seine Klassenlehrerin zu einem Einzelgespräch. Dringend!

»Wann war der Elternabend?«

»Vorgestern.«

»Und warum hast du mir nichts davon gesagt?«

»Wir haben schließlich andere Probleme. Mama ist gerade aus dem Krankenhaus entlassen worden und wohnt jetzt in Berlin und du musst den ganzen Tag arbeiten. Da wollen wir uns doch den Feierabend nicht mit so einem blöden Elternabend verderben.«

Erstaunlich, wie mein Sohn versucht, die Situation zu retten. Ich setze mein ernstes Vatergesicht auf und frage ihn direkt.

»Hast du etwas ausgefressen, Finn?«

»Nö, es ist alles in Ordnung.«

»Und warum schreibt deine Lehrerin, dass sie mich in einer dringenden Angelegenheit sprechen muss? Besser ich erfahre es jetzt von dir als morgen von ihr. Also?«

»Meine Versetzung ist gefährlich.«

»Wie bitte? Du meinst, deine Versetzung ist gefährdet?«

»Sag ich doch!«

»Na bravo! Das wird eurer Mutter bestimmt gefallen.«

»Wir müssen es ihr ja nicht sagen.«

»Ja, besser wir behalten es vorläufig für uns.«

Ella - Schneckentempo

Es herrscht typisches Aprilwetter. Die Bäume sind noch kahl und ich fühle mich fremd in meiner neuen Umgebung. Frau Kleinschmidt fährt mich in ihrem Kleinwagen zur Therapie. Sie braucht kein Navi, denn als gebürtige Berlinerin kennt sie sich aus. Sie schleicht mit dreißig Stundenkilometern über die Hauptstraßen und ich frage sie, ob ihr Wagen nur zwei Gänge hat. Meine Güte, nun gib doch mal Gas!, will ich ihr zurufen, aber sie erklärt ihren moderaten Fahrstil damit, dass an jeder zweiten Ampel ein Blitzer steht und sie schließlich auf ihren Führerschein angewiesen ist.

»Aber hier ist fünfzig erlaubt!«

»Erlaubt, aber nicht zwingend erforderlich!«

Wir werden ständig laut hupend von anderen Wagen überholt, von denen uns die Fahrer alle einen Vogel zeigen. Oh ist das peinlich!

Während meiner Behandlung will sie einkaufen. Sie reicht mir einen Zettel und fordert mich auf, Dinge hinzuzufügen, die sie vergessen hat. Aber sie hat an alles gedacht.

»Also in einer Stunde bin ich wieder hier. Und Ella, schön die Pobacken zusammenkneifen und nicht schlapp machen. Ich besorge uns zur Belohnung einen leckeren Kuchen.«

Mein Physiotherapeut heißt Justus und ich würde diesem Unsympathen am liebsten eine scheuern, sollte er es wagen, mein Bein noch einmal so hastig durchzudrücken.

»Sie haben wohl schon vor dem Unfall wenig Sport gemacht«, sagt er vorwurfsvoll.

»Und Sie sprechen bestimmt aus Erfahrung. Wann hatten Sie denn Ihren letzten Trümmerbruch?«

Wie alt ich bin, will er wissen und schon wieder rümpft er die Nase. Danke, Justus, das ist genau die Reaktion, die ich jetzt gebrauchen kann.

»Sie müssen schon mitarbeiten, wenn sich etwas an Ihrem Zustand ändern soll. Es sei denn, Sie haben vor, auch weiterhin durch die Gegend zu hinken. Aber unter uns, sehr sexy ist das nicht.«

»Empathie gehörte wohl nicht zu Ihrer Ausbildung?«

»Ich verstehe nicht! Was meinen Sie?«

»Na, ich meine, dass Sie den Charme auch nicht gerade mit Löffeln gefressen haben!«

Nach einer halben Stunde gebe ich erschöpft auf. Völlig erledigt liege ich auf seiner Matte und spüre jede einzelne Faser meines Körpers.

»Ich kann wirklich nicht mehr«, stöhne ich. Aber er zeigt kein Erbarmen und besteht auf weiteren Dehnübungen. Ich werde das Gefühl nicht los, dass es ihm Freude bereitet, mich so zu quälen.

»Dann also bis morgen«, sagt er endlich und lässt mich allein. Mit Sicherheit nicht! Such dir ein anderes Opfer für deine Folterspiele, du Sadist! Mit letzter Kraft erhebe ich mich vom Boden und verlasse ohne Strümpfe die Praxis.

Frau Kleinschmidt wartet bei laufendem Motor in ihrem Wagen auf mich. Welchen Termin ich für morgen vereinbart habe, will sie wissen.

»Da kriegen mich keine zehn Pferde mehr hin! Der ist kein Physiotherapeut, sondern ein perverser Drill-Sergeant erster Güte.«

»Halt mal! Das ist unser Apfelkuchen. Er ist noch warm. Und so langsam könntest du mal ein anderes Gesicht machen. Es ist schon deutlich nach zehn Uhr!«

An den Berliner Charme werde ich mich nie gewöhnen!

Es ist bereits deutlich nach zwölf. Während Frau Kleinschmidt die Lebensmittel in den Kühlschrank packt, koche ich uns einen Kaffee. Sie deckt den Tisch und stellt den lauwarmen Kuchen auf zwei Teller.

»Der duftet wunderbar«, lobe ich das Gebäck.

»12.40 Uhr und das erste positive Wort von dir«, lacht sie und nimmt zwei Cognacschwenker aus dem Schrank.

»Gleich haben meine Kinder Schulschluss«, sage ich beim Blick auf die Uhr. Sie schenkt uns zwei Schnäpse ein und fordert mich auf, von ihnen zu erzählen. Gutes Thema! Wenn ich über Laura und Finn sprechen kann, kommen nur positive Worte über meine Lippen. Nach dem zweiten Cognac sage ich nicht mehr Frau Kleinschmidt, sondern Gundi und du. Nach dem dritten Cognac heule ich schon wieder Rotz und Wasser. Meine Betreuerin versteht.

»Dir fehlen deine Kids! Alles klar! Aber ich verstehe nicht, warum du dir so wenig Mühe gibst, endlich wieder auf die Beine zu kommen. Du lässt dich gehen, meine Liebe. Das ist nicht gut.«

»Und was schlägst du vor?«

»Bewegung und gutes Essen! Ab morgen kochen wir zusammen und gehen täglich ins Schwimmbad. Unter Wasser werden dir die Übungen leichter fallen.«

»Gundi, du spinnst, wenn du glaubst, dass ich in diesem Zustand zum Schwimmen gehe.«

Sie kommt nicht mehr dazu, weiter auf mich einzureden, denn das Telefon klingelt und Mats fragt, wie es mir geht. Er kündigt mir an, dass es spät werden könnte, weil noch eine Besprechung ansteht, deren Ausgang er nicht vorhersehen kann. Also verbringe ich den Rest des Tages allein. Die Anstrengung, allein ins Obergeschoß zu gehen, erspare ich mir und schlafe auf dem Sofa ein.

Es sind Mats Hände, die mich abrupt aus dem Tiefschlaf reißen. Er ist dabei, mich zu entkleiden und flüstert mir leise zu, dass ich ruhig weiterschlafen soll.

»Lass das!«, fauche ich ihn an.

»Ich wollte dir nur deinen Schlafanzug anziehen. Tut mir leid, dass ich dich erschreckt habe.«

»Wie spät ist es?«

»Viertel nach elf. Kommst du mit nach oben?«

»Nein, lass mich weiterschlafen!«

Mats - Zu zweit allein

Na super. Seit Wochen fiebere ich Ellas Ankunft entgegen und jetzt ist sie endlich da und schläft allein auf dem Sofa. Dabei wünsche ich mir nichts sehnlicher, als sie zu berühren. Eng aneinander gekuschelt neben ihr zu liegen. Meine Hand zärtlich über ihren Körper zu fahren. Sie hingebungsvoll zu küssen und leidenschaftlich zu lieben. Ja, es stimmt. Ich bin geil wie Sau und will nicht mehr selber Hand anlegen. Warum hat sie denn keine Lust? In mir wächst der Verdacht, dass es kein Zufall ist, dass sie im Wohnzimmer schläft. Seit Tagen geht sie meinen Zärtlichkeiten gekonnt aus dem Weg. Wenn ich ihr gestehe, wie sehr ich sie vermisst habe, lächelt sie nur mild. Wenn ich sie küssen will, dreht sie sich nach wenigen Augenblicken ab und bittet mich, ihr etwas aus der Küche zu holen. Als ich ihre Beine streicheln wollte, wurde sie fast hysterisch. Zu gern würde ich wissen, was sie denkt. Ständig ist sie geistesabwesend. Aber wenn ich sie frage, was sie so beschäftigt, dann antwortet sie: »Es ist nichts, Schatz. Ich bin nur etwas müde. Vermutlich sind es die Nebenwirkungen der Schmerzmittel, die ich nehmen muss. Das solltest du als Experte doch wissen.« Frau Kleinschmidt meint, ich sollte noch ein wenig Geduld aufbringen.

»Das wird schon, Herr Breyer. Ella ist auf dem besten Weg.«

»Ihr Wort in Gottes Gehörgang!«

Ella - Sanum per Aquam

Richtig gemütlich ist das Sofa nicht und so beende ich meine Nachtruhe schon, bevor mein Frühaufsteher aufwacht. Um ihn nicht zu wecken, benutze ich das kleine Kinderduschbad und mache mich bei verschlossener Tür zurecht. Kurz darauf klopft es und Mats fragt, warum ich abgeschlossen habe. Ich bitte ihn, mir meinen Morgenmantel an die Klinke zu hängen und verspreche, gleich fertig zu sein. Als ich in die Küche komme, steht er am Herd und setzt den Wasserkessel auf. Mit einem zärtlichen Gutenmorgenkuss begrüße ich ihn und lege meinen Kopf kurz auf seine nackte Brust.

»Warum hast du dich eingeschlossen?«

Ich zucke nur mit den Achseln und sage, dass es dafür keinen besonderen Grund gegeben hat. Eine sehr schwache Ausrede, ich weiß. Und Mats findet das auch. Natürlich hat er gemerkt, dass ich seinen körperlichen Annäherungsversuchen seit meiner Ankunft konsequent aus dem Weg gehe. Genau wie jetzt. Seine Küsse sind zu wild und ich weiß, wohin das führen soll.

»Toast oder Müsli?«, frage ich und entziehe mich

seiner Umarmung. Sein lauter Seufzer ist nicht zu überhören. Ohne auf meine Frage zu antworten, verlässt er die Küche und ich höre kurz darauf das Wasser in der Dusche rauschen.

Die Stimmung beim Frühstück ist gedrückt. Auf meine Fragen, ob er heute wieder so spät kommt und ob ich mit Gundi etwas zum Abendessen kochen soll, bekomme ich nur einsilbige Antworten. Ja, es wird wieder spät und nein, ich brauche nichts kochen. Mats weicht meinem Blick aus wirkt sehr nachdenklich.

»Hast du Ärger in der Firma?«

»Nein, Ella. In der Firma läuft alles bestens!«

Das war deutlich!

Freudestrahlend betritt Gundi das Haus und lächelt mir zu. Sie lobt mich, weil ich schon geduscht und fertig angezogen bin. Während sie sich einen Kaffee einschenkt, fordert sie mich auf, in die kleine Plastiktüte zu schauen, die sie auf dem Tisch abgelegt hat. Was ist denn das? Ein Ringertrikot? Was soll ich denn damit?

»Ich habe einen Termin für dich vereinbart.«

»Zum Wrestling? Spinnst du?«

»Das ist ein spezieller Badeanzug für Aquatraining. Ich habe für dich extra ein Modell mit längeren Beinen gewählt.«

»Ich gehe in kein öffentliches Bad. Und mit diesem hässlichen Teil schon mal gar nicht.«

»Ich will mit dir ins Reha-Zentrum fahren und dort tragen alle diese Anzüge. Entscheide dich! Soll ich dich zu Justus bringen oder probierst du meine Methode?«

»Hilfst du mir, dieses Teil anzuziehen?«

So albern, wie ich dachte, sehe ich darin gar nicht aus. Eine Stunde später stehe ich im 1,40 Meter tiefen und 31 Grad warmen Wasser und folge den Anweisungen meiner Therapeutin. Ich fühle mich schwerelos und nach 45 Minuten bin ich richtig enttäuscht, dass die Zeit schon vorüber ist.

»Das war ganz wunderbar«, bedanke ich mich bei Gundi und lasse mich kommentarlos im Schneckentempo wieder von ihr nach Hause fahren. Den Fahrern, die uns hupend überholen und uns einen Vogel zeigen, antworte ich mit dem Stinkefinger.

Sie kocht ein Mittagessen und bügelt Mats Hemden, während ich im Internet Ostergeschenke kaufe. Am späten Nachmittag melden sich die Hamburger per Skype. Ob ich traurig wäre, wenn die Kinder mich am Wochenende nicht besuchen kommen, fragt Roman. Finn hat ein Fußballturnier und Laura ist bei ihrer Freundin zur Geburtstagsparty eingeladen.

»Nein, bin ich nicht. Aber Ostern bringst du die Kinder doch, oder?«

Natürlich bin ich traurig. Aber nur kurz. Schließlich könnten Mats und ich auch nach Hamburg fahren und sie besuchen. Ich werde ihn gleich heute Abend fragen.

»Hast du noch einen Wunsch, bevor ich gehe?«, fragt Gundi mich. Ich bitte sie, mir mein Nachthemd und die Bettdecke von oben zu bringen und baue mir meine Schlafstätte wieder auf dem Sofa.

Mats kommt gegen zehn und ich bin noch wach. Als er mich unter der Decke liegen sieht, verzieht er gleich das Gesicht. Aber ich gebe ihm keine Chance, weiterhin maulig zu sein und bitte ihn, sich zu mir zu setzen. Ich berichte von meiner Unterwasser-Reha und frage ihn, ob wir am Samstag nach Hamburg fahren können, um Finn beim Fußball zuzusehen.

»Tut mir leid, Ella. Da habe ich ein Treffen mit Dr. Griesbach. Ich bin müde. Kommst du mit rauf?«

»Nein, ich will mir noch den Spätfilm ansehen.«

»Wird das jetzt zur Gewohnheit, dass du auf dem

Sofa schläfst?«

»Wird das jetzt zur Gewohnheit, dass ich die Abende und die Wochenenden hier allein verbringen muss?«

So laut und aufgebracht haben wir noch nie zuvor gestritten. Sein vorwurfsvolles Gesicht macht mich noch wütender.

»So habe ich mir das Leben mit dir nicht vorgestellt, Ella!«

»Ach, du bist nicht zufrieden? Ich hingegen bin rundum glücklich! Hier muss ich einfach gut aufgelegt sein! In einer fremden Stadt, ohne meine Familie, ohne Job, dafür mit einem Mann, der durch Abwesenheit glänzt.«

»Du bist undankbar!«

»Wofür sollte ich dankbar sein? Dafür, dass ich verkrüppelt und entstellt bin? Oder dafür, dass ich mein Baby verloren habe?«

»Unser Baby! Wir beide haben unser Baby verloren!«

»Das macht es auch nicht besser.«

»Warum lässt du keine Nähe mehr zu?«

»Weil ich noch nicht so weit bin!«

Roman - Das bleibt aber unter uns

Ellas Mutter hat uns einen Eintopf gekocht. Das ganze Haus stinkt nach Kohl und ich öffne nach meinem Eintreffen sofort alle Fenster. Obwohl oder gerade weil das Gericht vitaminreich, fettarm und relativ geschmacksneutral ist, stimmen mir die Kinder zu, lieber eine Pizza zu bestellen. Es ist schon die dritte in dieser Woche. Aber ich kann der Köchin unmöglich sagen, dass ihre gesunde Hausmannskost regelmäßig bei uns im Müll landet. Sie gibt sich solche Mühe und ohne ihre Unterstützung wüsste ich nicht, wie ich Job und Kinder unter einen Hut bekommen sollte. Ich bitte Laura, den Tisch zu decken und schicke Finn in die Garage, um zwei Flaschen Wasser zu holen. Rasch ziehe ich meinen Anzug aus und steige in meine bequeme Jogginghose. Als es klingelt, nehme ich mein Portemonnaie und öffne die Tür. Ich glaube, mich trifft der Schlag, denn nicht der Pizzabote, sondern Ivonne steht vor meinem Haus.

»Bitte, Roman, lass uns reden«, bettelt sie mich an.

»Du hast ja Nerven, hier aufzutauchen.«

»Bitte lass mich rein.«

»Auf keinen Fall! Wieso bist du überhaupt auf freiem Fuß? Du wirst per Haftbefehl gesucht!«

»Ich weiß und ich werde mich auch stellen, wenn du mir nur einmal zuhörst, bitte!«

»Schleich dich, Ivonne. Und komm niemals wieder in unsere Nähe!«

»Papa?«

Jetzt ist es passiert. Laura und Finn stehen im Flur und die Angst steht in ihren Gesichtern geschrieben. Ich schließe schnell die Tür und sage in ruhigem Ton zu ihnen, dass sie ganz sicher bei mir sind.

»Papa, du musst die Polizei anrufen!«, fordert meine Tochter.

»Ja, Prinzessin. Das werde ich sofort machen. Hört zu, Kinder: Kein Wort zu Mama! Ich will nicht, dass sie sich Sorgen macht. Abgemacht?«

»Abgemacht!«

Ella - Akropolis adieu

Ich habe den Eindruck, Mats poltert extra laut in der Küche, als er Tee und Kaffee kocht. Wenn er denkt, dass ich jetzt aufstehe und ihn begrüße, als wäre gestern nichts passiert, dann irrt er sich aber gewaltig. Offensichtlich steht ihm auch nicht der Sinn nach einer Versöhnung, denn er verlässt das Haus, ohne sich von mir zu verabschieden. Als ich höre, wie er mit dem Wagen davonfährt, stehe ich auf und gehe in die Küche. Auf dem Tisch steht ein Gedeck und eine Kanne Kaffee. Auf meinem Teller finde ich eine handschriftliche Notiz von ihm.

Komme erst morgen zurück. Bleibe über Nacht in Kiel. Bin auf dem Handy erreichbar. Mats

Als Gundi kommt, bitte ich sie, das Bettzeug wieder ins Schlafzimmer zu bringen und mir beim Ankleiden mit meinem Schwimmanzug zu helfen.

»Warum schläfst du nachts auf dem Sofa?«

»Wegen der Treppe.«

»Klingt plausibel, ist aber nicht die Wahrheit,

oder?«

Was hat diese Frau nur an sich? Sie liest in mir wie in einem Buch und sagt, ich hätte einen Knall, was meine läppische Narbe angeht und dass ich dabei bin, meine Beziehung aufs Spiel zu setzen. Was weiß sie denn?

»Meine Güte, Ella! Du bist beneidenswert jung und solltest das Leben und die Liebe genießen!«

»Genau, Gundi. Und beneidenswert schön bin ich auch!«

»Schön? Nein, das bist du nicht. Im Vergleich zu mir bist du bildschön!«

Was bitte hat sie denn jetzt vor? Sie zieht sich vor meinen Augen aus und steht splitterfasernackt vor mir.

»Schau gefälligst her! In zwanzig Jahren wirst auch du so aussehen. Statt Arsch wirst du Bauch haben, statt mit prallen Brüsten zu wippen, wirst du mit deinen Unterarmen winken. Glaubst du tatsächlich, dass ich deshalb nachts allein auf dem Sofa schlafe? Nur weil mein Körper nicht mehr so schön ist wie vor zwanzig Jahren gebe ich doch mein Leben nicht auf. Der Schöpfer hat uns Frauen auch Hirn gegeben. Nutze es gefälligst!«

»Ach, Gundi, das ist doch nicht der einzige Grund.«

»Na, da bin ich aber beruhigt. Ich war drauf und dran, dich für oberflächlich zu halten. Was ist es denn? Und nun spuck es endlich aus, damit ich dich verstehe!«

»Mats will unbedingt Vater werden.«

»Und was ist daran so verwerflich?«

»Ich werde ihm wohl keine Kinder mehr schenken können.«

»Sagt wer?«

»Der Arzt, der mich operiert hat. Er meint, die Chancen, wieder schwanger zu werden, stehen 1:9.«

»Ich weiß nicht, wie er zu dieser Annahme gekommen ist. Ich weiß nur eins: In getrennten Schlafzimmern stehen eure Chancen noch schlechter.«

Diese Frau hat eine Art und einen Ton am Leib. Aber böse kann und will ich ihr nicht sein.

Heute fahren wir im Schritttempo zur Reha und werden nicht überholt. Auf der Stadtautobahn staut sich der Verkehr und ich kann meinen Stinkefinger entspannt auf meinem Oberschenkel ruhen lassen.

»Ich muss mir dringend die Haare schneiden lassen. Kennst du einen guten Friseur in Berlin?«

Natürlich kennt Gundi einen guten Haarstylisten und vereinbart mit ihrem Coiffeur gleich per Handy einen Termin für mich.

Sehr vertrauensvoll sieht der Salon nicht aus. Das letzte Mal, dass ich Trockenhauben gesehen habe, war in meiner Kindheit, als ich meine Mutter zum Friseur begleitet habe.

»Kürzer ja. Aber nicht so kurz wie Gundi die Haare trägt. So Kinnlänge.«

Ich bin mir nicht sicher, ob die Friseurin mich überhaupt verstanden hat, denn gleich nach dem Waschen schneidet sie mir mit ihrer Schere einen kurzen Pony. Nach dem Föhnen werden meine Haare noch mit einem Glätteisen behandelt und ich schaue ungläubig in den Spiegel.

»Das hat Ayla ja super hinbekommen. Du siehst völlig verändert aus«, staunt Gundi, die mir mit einem Glas Sekt in der Hand die ganze Zeit zugeschaut hat. Völlig entsetzt ziehe ich an meinen Haarsträhnen oberhalb der Stirn. Aber auch dadurch werden sie nicht wieder länger.

»Ich sehe aus wie Prinz Eisenherz!«, schimpfe ich.

»Eher wie Mireille Mathieu. Komm, wir kaufen noch eine dunkle Haartönung und dann ist das Bild komplett«, gackert Gundi.

»Genau! Und dann fahren wir auf den Marktplatz und ich singe unplugged »Akropolis adieu«, während du mit dem Hut rumgehst.«

»Du kannst singen?«

»Jeden deutschen Schlager aus den 70ern. Glaub es ruhig. Wenn ich als Kind bei meiner Großmutter war, lief den ganzen Tag das Radio. Und zwar Welle Nord! Ich kenne alle Lieder. Von Roland Kaiser, über Mary Roos bis hin zu Vicky Leandros.«

»Na, dann lass mal hören!«

Ich erhebe mich vom Stuhl und humple in die Mitte des Salons. Vor dem freien Spiegel greife ich nach einer Bürste aus dem Rollwagen und halte sie wie ein Mikrofon. Auf geht's.

»Es war September in Athen,
der letzte Abend war so leer,
ich fragte ihn, wann kommst du wieder,
da sagte er, vielleicht nie mehr.
Akropolis adieu,
ich muss gehen,
die weißen Rosen sind verblüht,
was ist geschehen,
ich wär so gern geblieben,
Akropolis adieu.«

Gundi biegt sich vor Lachen und Ayla schaut mich völlig entgeistert an. Die anderen Frauen applaudieren und prosten mir mit ihren Sektgläsern zu. Vermutlich sind in diesem Salon bereits alle Kundinnen besoffen, anders kann ich mir die vorherrschende Hochstimmung nicht erklären. Ich selbst bin einfach viel zu gut drauf, als dass ich mich noch länger über meinen missratenen Haarschnitt aufregen will. Morgen kaufe ich mir eine Mütze, beschließe ich und zahle 44 Euro an der Kasse.

»Stimmt so«, sage ich und reiche Ayla einen 50 Euroschein.

Ob Gundi mir noch das Bettzeug runterholen soll, will sie wissen. Nein, heute nicht. Warum auch? Schließlich werde ich die Nacht allein im Haus verbringen. Im Badezimmer versuche ich mit Hilfe von Haar-Gel meine neue Frisur zu stylen. Aber das missglückt komplett. Also stelle ich mich unter die Dusche und wasche mir das klebrige Zeug wieder vom Kopf. In einem frischen Schlafanzug krabble ich unter die Decke, lege mich diagonal aufs Bett und stelle den Fernseher an.

Plötzlich höre ich, wie die Haustür zuschlägt und sehe einen Lichtschein, der vom Flur aus die Treppe beleuchtet. Steif vor Angst ziehe ich mir die Decke ans Kinn und verharre so lange atemlos in dieser Position, bis ich Mats′ Stimme höre. Ja ist er denn von allen guten Geistern verlassen? Wie kann er mich nur so erschrecken? Mein Herz klopft noch immer wild in meinem Hals, als er verwundert feststellt: »Hier bist du!«

»Wie kannst du mich nur so in Angst versetzen? Ich habe mir vor Furcht fast in die Hose gemacht. Warum bist du überhaupt hier? Du hast doch geschrieben, dass du …«

»Wie siehst du denn aus?«

»Ich war beim Friseur. Das trägt man hier so.«

»Du erinnerst mich an eine Politikerin.«

»Du findest, ich sehe aus wie Angela Merkel?«

»Nein, eher wie Claudia Roth von den Grünen.«

»Komm her, du Charmebolzen und gib mir einen Kuss!«

Ohne lange zu überlegen, folgt er meiner Bitte. Warum er doch nach Hause gekommen ist, will ich wissen.

»Ich bin durchgefahren, um mich wieder mit dir zu vertragen. Ella, ich hab dich so lieb und ich mag es nicht, wenn wir streiten.«

»Ja, vertragen klingt gut.«

»Darf ich zu dir ins Bett kommen oder schickst du mich jetzt aufs Sofa?«

Verdient hätte er es nach diesem Spruch, aber ich rutsche in meine Hälfte und hebe die Decke an. Das sollte als Antwort wohl genügen.

Mats - Eigentor

Ständig schaue ich auf die Uhr. Es ist schon halb zehn und Ella hat bereits gemerkt, dass ich keine Anstalten mache, ins Büro zu fahren. Frau Kleinschmidt ist auch noch nicht da und ich frage mich, wann sie kommt.

»Bleibst du heute zu Hause?«

»Leider nicht. Ich fahre, wenn deine Gundi eingetroffen ist.«

»Wo ist sie nur? So spät war sie bisher noch nie. Ich hoffe, dass sie keine Autopanne hat.«

»Ja, das hoffe ich auch!«

Als es endlich an der Tür klingelt, soll Ella den Grund für meine Hochstimmung erfahren. Ich fordere sie auf, mit nach draußen zu kommen. Gundi ist statt mit ihrem Kleinwagen mit einem großen Van vorgefahren.

»Neuer Wagen?«, ruft Ella über die Einfahrt.

»Chic, oder? Komm, steig ein. Wir machen eine Probefahrt.«

Gundi reicht ihr den Schlüssel und öffnet die Fahrertür.

»Ich soll fahren? Das soll wohl ein Witz sein?«

»Keine Sorge, Liebling. Der Wagen hat Automatikgetriebe. Nun sag schon, gefällt er dir?«

Er gefällt ihr sogar sehr, aber sie versteht scheinbar immer noch nicht. Ungläubig stehen wir vor dem 7-Sitzer und sie fragt mich, wem der Wagen gehört.

»Das ist unsere neue Familienkutsche. Die hintere Sitzbank können wir herausnehmen, dann ist es immer noch ein 5-Sitzer und wir haben ausreichend Platz für einen Kinderwagen.«

Zusammen gehen wir um den Wagen und ich demonstriere ihr die Schiebetüren. Ich habe extra dieses Modell gewählt, denn die höheren Sitze sollen Ella das Ein- und Aussteigen erleichtern.

»Du magst die Farbe nicht, stimmt's?«

»Unsinn! Die Farbe ist toll. Das Auto ist der Wahnsinn.«

Nun lässt sie sich doch überreden und steigt auf der Fahrerseite ein. Ich gebe ihr eine detaillierte Einweisung. Licht, Scheibenwischer, Klimaanlage, Navi, und, und, und.

»Bereit?«

Sie ist bereit und startet den Motor. Nach vier Monaten lenkt sie das erste Mal wieder selbst einen Wagen und beschreibt ihr Gefühl als unfassbar.

Wir fahren zuerst Gundi nach Hause. Sie steigt mit den Worten aus: »Schönes Wochenende. Und Ella, achte auf die Blitzer!«

Ella achtet nicht auf die Blitzer, sondern schaut immer wieder zu mir herüber. Sie strahlt über das ganze Gesicht. Trotzdem schimpft sie mit mir. Ein Neuwagen hätte es ihrer Meinung nach nicht sein müssen. Bestimmt hätte es ihr alter Golf nach der Reparatur auch noch eine Weile gemacht. Ja bestimmt. Ihr Wagen war schon schrottreif, als wir uns kennenlernten. Mein Handy klingelt und ich gehe ran. Es ist mein Chef. Ich nenne ihn Dr. Griesbach und er mich Mats.

»Es tut mir leid, Mats. Wir müssen unser Treffen verschieben. Diese Woche schaffe ich es nicht. Können wir uns am Ostermontag im Büro treffen?«

Nee, mein Lieber. Ostern ist frei! Die ganze Fami lie reist aus Hamburg an und wir werden feiern. Ich habe dieses Fest mit Gundi Kleinschmidt bis ins letzte Detail geplant und werde anwesend sein. Schließlich habe ich für diesen Tag eine Überraschung geplant, die ich mir von dir nicht vermiesen lassen werde.

»Wir erwarten Gäste zum Osterbrunch. Wenn Sie und Ihre Frau in der Stadt sind, dann kommen

Sie doch zu uns. Ja sicher, Ella wird sich freuen, Sie endlich kennenzulernen.«

Ich lege auf und merke, dass Ella den Wagen bremst. Völlig entgeistert schaut sie mich an.

»Du hast deinen Chef zu uns eingeladen?«

»Ach Ella. Die Geschichte mit dem Kellner hat er bestimmt schon längst vergessen. Und nun freu dich. Ich habe morgen frei und wir können zusammen nach Hamburg fahren und Finn beim Fußball zusehen. Wenn wir rechtzeitig losfahren, bleibt vielleicht noch Zeit, dass du deinen Hamburger Friseur aufsuchst und er dich wieder in die alte Ella verwandelt.«

»Sehe ich so scheußlich aus?«

»Nun ja, schön ist es wirklich nicht!«, muss ich ihr gestehen.

»Du und deine schonungslose Offenheit! Aber es stimmt ja. Ich sehe wirklich furchtbar aus.«

»Und trotzdem habe ich dich lieb und jeden Tag mehr.«

»Dann lass uns nach Hause fahren. Wir löschen das Licht und du zeigst mir wie sehr …«

Ich habe Angst, ihr wehzutun, aber Ella will es auch und genießt. Erst behutsam und zärtlich, aber dann geht es richtig zur Sache. Danach fühle ich mich wie neugeboren. Das tägliche Wichsen unter der Dusche hat endlich ein Ende.

Aus Zeitgründen verzichtet Ella auf einen Neuschnitt und setzt sich ein Baseball-Cap auf. Ob sie fahren will, frage ich, aber sie setzt sich auf den Beifahrersitz. Als wir in Hamburg auf der Sportanlage ankommen, läuft das Spiel schon. Laura rennt aufgeregt auf uns zu und als sie uns erblickt, fällt sie ihrer Mutter stürmisch um den Hals. Ich habe einen Campingstuhl in den Kofferraum gepackt und will ihn rasch holen, während Roman sich nähert und Ella mal wieder viel zu schamlos umarmt. Irgendwann werde ich ihm doch noch eine verpassen. Mit der Vorstellung, ich würde ihm eine Rechts-Links-Kombination servieren, gehe ich zum Parkplatz zurück. Mich amüsiert noch immer das Bild in meinem Kopfkino und ich freue mich darüber, wie er vor mir k.o. zu Boden geht, als mein Blick auf eine Frau fällt, die panisch vor mir davonzulaufen scheint. Meine Güte, das ist die durchgeknallte Ivonne! Ich bin mir zu hundert Prozent sicher. Bleib stehen, du irres Weib!

»Ivonne!«, schreie ich ihr hinterher. Aber sie steigt schnell in einen roten Kleinwagen und rauscht davon.

Ich laufe ohne Campingstuhl zurück zum Fußballfeld und sehe Ella, Roman und Laura, die gerade laut lachen. Finn hat ein Tor geschossen. Ein Eigentor. Ich platze in die amüsierte Runde und sage wie es ist:

»Ivonne war hier! Ich habe sie mit eigenen Augen gesehen. Sie fährt einen roten Polo mit Hamburger Kennzeichen!«

Roman senkt den Blick und Ella schreit, dass wir sofort die Polizei informieren müssen. Finn wird nach seinem Debakel ausgewechselt und wir beschließen, alle zusammen auf die Wache zu fahren.

»Hast du dir das genaue Kennzeichen merken können?«

»Nein, das habe ich nicht! Trotzdem. Die Polizei soll wissen, dass sie sich uns wieder genähert hat!«

Völlig aufgelöst gehen wir zu unseren Wagen. Romans Audi parkt in der ersten Reihe und ich sehe einen Zettel oder Ähnliches unter seinem Scheibenwischer an der Frontscheibe klemmen. Es ist ein Briefumschlag. Eine Nachricht von Ivonne. Handgeschrieben teilt sie ihm mit, wie leid es ihr tut. Ich bringe kein Verständnis für sie auf und finde, dass es mit einer bloßen Entschuldigung auch nicht getan ist. Schließlich ist sie dafür verantwortlich, dass Ella monatelang im Krankenhaus behandelt werden musste und unser Baby verloren hat. Ella fordert Roman auf, den Brief vorzulesen. Erst ziert er sich, aber nachdem er die Kinder ins Auto einsteigen hat lassen, reicht er mir den Brief und bittet mich, laut vorzulesen.

Roman, mein Liebster,
ich habe das alles nicht gewollt. Bitte glaube mir. Ich wünschte mir nur, mit Dir zusammen glücklich zu sein. Aber Du warst nicht aufrichtig und hast mich im Stich gelassen. Dass ich kein Spielball bin, solltest Du gemerkt haben. Aber keine Sorge. Ich werde nun aus Deinem Leben verschwinden. Endgültig! Ich liebe Dich noch immer, obwohl Du es nicht wert bist! Vielleicht treffen wir uns in einem neuen Leben noch einmal wieder und bekommen eine zweite Chance.
Deine Ivonne.

»Die tut sich was an! Das ist ein Abschiedsbrief!«

Roman - Mitschuld

Ich rufe nicht die Polizei an. Die war schon in der Vergangenheit keine große Hilfe. Besser ich informiere Ivonnes Eltern. Sollen sie entscheiden, was zu tun ist. Der Ton ihrer Mutter ist kalt und abweisend. Sie beschimpft mich und unterstellt mir eine Mitschuld an den ganzen Vorkommnissen. Sie vertritt tatsächlich die Meinung, dass das alles nicht passiert wäre, hätte ich ihre Tochter nicht verlassen.

»Ich rufe Sie nicht an, um die Schuldfrage zu klären, sondern um Ihnen zu sagen, dass ich vermute, dass Ivonne sich etwas antun will. Der Brief, den sie mir geschrieben hat, ist eindeutig. Also wenn Sie wissen, wo sie sich aufhält, dann sollten Sie handeln.«

Mats bittet die Kinder, wieder auszusteigen und sich den neuen Wagen anzuschauen, den er für Ella und sie angeschafft hat. Angeber! Großprotz! Wenn er wüsste, wie sehr mir sein Großgetue auf den Geist geht. Nun gut, er verdient mehr Geld als ich. Er besitzt ein eigenes Haus und kann es sich leisten, mal so eben einen teuren Neuwagen für Ella zu kaufen. Aber ich bin reicher als du, mein Lieber. Denn ich bin Vater von zwei wundervollen Kindern und du nicht! Nein, natürlich freut es mich nicht, dass Ella ihr Baby verloren hat. Ich bin schließlich kein Unmensch. Nur ein feiger Hund, wie mich Ivonnes Mutter gerade betitelt hat. Hätte ich das Unglück wirklich verhindern können, wenn ich früher über meine wahren Gefühle gesprochen hätte? Trifft mich etwa doch eine Mitschuld?

Ella schlägt den Kindern vor, zur Eisdiele zu fahren.

»Und wenn ihr Lust habt, können wir vier anschließend noch ins Kino gehen. Mats und ich bleiben bis heute Abend. Also sagt schon, worauf habt ihr Lust?«

Ich kann nicht mehr hören, wofür sie sich entscheiden. Sie fahren ohne mich ab und auch ohne mich nur einmal zu fragen, ob ich vielleicht auch Lust hätte, sie auf ein Eis oder ins Kino zu begleiten.

Eigentlich sollte ich jetzt zu mir nach Hause fahren. Ich könnte mich gemütlich aufs Sofa hauen, mit einer Flasche Bier in der Hand die Sportschau ansehen und es mir gut gehen lassen. Aber ich will jetzt nicht allein sein. Besser ich verabrede mich mit meinem Arbeitskollegen Hans Peter.

»Lust auf Bundesliga in der Sportbar? Getränke gehen auf mich! In einer halben Stunde? Super. Bis dann.«

Ella - Geständnisse

Den heutigen Nachmittag will ich mit meinen Kindern genießen; deshalb nehme ich mir fest vor, keinen Gedanken mehr an Ivonne zu verschwenden. Viel zu lange hat sie unser Leben beeinflusst und mich in Angst und Schrecken versetzt. Heute nicht! Trotz großer Spaghetti-Eisbecher wirken Laura und Finn bedrückt. Mir können sie nichts vormachen. Schließlich bin ich ihre Mutter und ich spüre sofort, wenn mit ihnen etwas nicht stimmt.

»Was ist los mit euch? Finn? Ist es, weil du ein Eigentor geschossen hast? Das passiert sogar den hochbezahlten Fußballprofis. Das ist doch kein Weltuntergang.«

»Das ist es nicht, Mama.«

»Was ist es denn? Schatz, du weißt, du kannst mir alles sagen. Zwischen uns soll es keine Geheimnisse geben.« Ängstlich schaut er zu seiner Schwester, die sofort den Kopf senkt. Was ist hier los? Seit wann haben die Kinder kein Vertrauen mehr zu mir?

»Spuck es aus, Finn. Ich verspreche dir, dass du

dich danach viel besser fühlst.«

»Ich will dich nicht traurig machen.«

»Das kannst du gar nicht. Ich hab dich viel zu lieb. Aber wenn du mir nicht mehr vertraust, das würde mich traurig machen.«

Wieder schaut er zu Laura. Ihr zustimmendes Nicken ermutigt ihn, endlich auszupacken.

»Es ist wegen der Schule. Vielleicht komme ich nicht in die zweite Klasse«, gesteht er in leisem Flüsterton und ich sehe, wie sich seine Augen mit Wasser füllen.

»Komm mal rüber zu mir und setze dich vorsichtig auf meinen Schoß.« Ich tröste ihn und sage, dass das ja nun kein Beinbruch ist. Und verwunderlich ist es auch nicht. Nach dem, was wir im letzten halben Jahr alle durchgemacht haben. Sobald wir wieder zusammen wohnen, wird alles gut, verspreche ich meinen Kindern. Dann kehrt auch endlich wieder Ruhe in unser Leben ein.

»Das Wichtigste ist doch, dass wir immer offen und ehrlich miteinander umgehen. Keine Geheimnisse mehr. Ihr braucht mich nicht zu schonen.«

»Mama? Es gibt noch ein Geheimnis. Aber wir haben Papa versprochen, es dir nicht zu sagen.«

»Hast du auch Probleme in der Schule, Laura?«

»Nein, bei mir ist alles okay. Es geht um Ivonne. Sie war neulich bei Papa und hat an der Tür geklingelt.«

Mein Puls nimmt Turbogeschwindigkeit auf und ich muss mich sehr beherrschen, jetzt nicht die Fassung zu verlieren. Ich stecke mir einen Löffel Vanilleeis in den Mund und versuche, einen neutralen Gesichtsausdruck aufzusetzen.

»Und? Was genau ist passiert?«

»Sie haben vor der Tür gestritten und dann hat Papa sie weggeschickt.«

»Ivonne war nicht im Haus?«

»Nein, Papa hat gleich bei der Polizei angerufen und gesagt, dass wir keine Angst haben sollen.«

»Und? Hattet ihr Angst?«

Beide Kinder nicken nur stumm. So geht das nicht! Schule hin oder her. Ich will, dass Laura und Finn noch heute mit uns nach Berlin kommen! Roman hätte es mir sagen müssen. Nicht eine Sekunde länger lasse ich meine Kinder in Hamburg. Ich werde sie für die nächsten vier Tage entschuldigen. Dann ist Karfreitag. Und nach Ostern werden sie in Berlin zur Schule gehen. Ich werde Roman gleich anrufen, um alles mit ihm zu besprechen.

Während Mats beim Kellner zahlt, versuche ich, den Vater meiner Kinder anzurufen. Zu gern würde ich ihm den Marsch blasen, ihn fragen, wie er dazu kommt, mir das alles zu verheimlichen und obendrein auch noch die Kinder zum Schweigen zu verdonnern. Aber sein Handy ist ständig besetzt. Sein Glück! Mats schafft es, dass ich mich langsam wieder beruhige. Er hält es für klug, zunächst ins Kino zu gehen, danach zu Roman zu fahren, die Sachen der Kinder einzupacken und in Ruhe miteinander zu sprechen. Also gut.

Der Film ist noch nicht zu Ende, als mein Telefon in meiner Hosentasche vibriert. Eine SMS vom Heimlichtuer!

> *Bitte kommt auf keinen Fall zu mir nach Hause. Ivonne hat sich in meinem Schlafzimmer erhängt. Die Polizei ist im Haus. Ich melde mich später bei dir.*

»Der Albtraum ist vorbei«, sage ich zu Mats und reiche ihm fassungslos mein Telefon.

Nach dem Kino fahren wir zu meiner Schwester und warten auf weitere Nachrichten. Stunden später gibt Roman Entwarnung. Die Polizei ist abgerückt, nur Ivonnes Eltern sind noch bei ihm. Sie haben ihm erzählt, dass ihre Tochter schon seit langer Zeit an einer bipolaren Störung gelitten hat. Mal war sie himmelhoch jauchzend, mal zu Tode betrübt. Und zuletzt wurde sie gewalttätig und selbstzerstörerisch. Laut Aussage ihrer Eltern hatte sie es strikt abgelehnt, wieder in Therapie zu gehen und sich auch geweigert, ihre Medikamente einzunehmen. Typisch, denke ich. Zum Schluss wird die Täterin wieder zum Opfer. Das kennt man ja! Aber ich will nicht diskutieren, sondern so schnell wie möglich nach Hause. Ich bitte ihn, einige Sachen für die Kinder zusammenzupacken.

»Ja, ich nehme sie heute schon mit.«

Mats - Osterbrunch

Gundi Kleinschmidt ist nicht mit Geld zu bezahlen. Während Ella nun täglich allein zur Reha fährt, bleibt sie bei den Kindern im Haus und plant mit mir das anstehende Osterfest. Telefonisch gehen wir die Einkaufslisten durch und ich biete mich an, die Getränke zu besorgen. Wir erwarten eine Schar von Gästen. Die Familie aus Hamburg, Kollegen, unsere neuen Nachbarn und meinen Chef mit seiner Frau. Es soll perfekt werden. Es muss perfekt werden. Ella ahnt noch nichts. Sie denkt, dass nur mein Chef mit seiner Frau zu Besuch kommen werden.

Meine Sekretärin öffnet die Bürotür einen Spalt und flüstert mir zu, dass netter Besuch auf mich wartet. Ob sie die sympathische Frau zu mir hereinlassen darf, will sie wissen. Sympathische Frau? Ich werfe einen kurzen Blick durch den Türspalt und sehe eine weibliche Person mit Kurzhaarschnitt am Tresen stehen. Sie geht nicht an Krücken und schaut mich mit einem Lächeln an, das mir die Luft nimmt.

»Wow, Ella, du siehst fabelhaft aus! Die neue Frisur steht dir ausgezeichnet.«

»Ich will nicht lange stören. Ich war in der Nähe bei einem bekannten Haarstylisten und wollte mir endlich einmal dein Büro ansehen.«

Ich führe sie herum und stelle sie meinen Mitarbeitern vor. Ob wir einen Kaffee trinken wollen, frage ich, aber sie wünscht sich nur einen Kuss und dass ich heute Abend nicht wieder so spät komme. Ihr Telefon klingelt. Sie sagt, dass es Tanja ist und geht ran.

»Ja, war ich«, höre ich sie sagen. »Nun, sagen wir mal so: Das Ergebnis fiel nicht anders aus als das in Hamburg.«

Wovon spricht sie? Etwa von ihren Haaren? Mit diesem Ergebnis sollte sie überaus zufrieden sein. Sie beendet das Gespräch schnell und verspricht, ihre Schwester auf dem Nachhauseweg noch einmal anzurufen.

»Lass dich nochmal anschauen!«

»Ach Mats, drück mich mal ganz fest.«

»Was soll dein Seufzer? Du siehst wirklich toll aus. Also mir gefällt es.«

»Ich möchte etwas mit dir besprechen.«

Mein Telefon klingelt. Es ist ein Anruf aus der Hauptverwaltung, der uns unterbricht, denn ich erkenne die Rufnummer auf dem Display und muss rangehen. »Bleib doch noch«, bitte ich Ella, aber sie wirft mir einen Handkuss zu und sagt: »Bis nachher.«

Es ist Silke, die sich für die Einladung bedankt und ihr Kommen zusagt.

»Das ist schön. Ich hätte dich gern dabei, wenn ich meine Neuigkeit bekannt gebe.«

»Ella ist wieder schwanger? Oh, wie schön. Ich freue mich so für dich. Schließlich weiß ich ja, wie wichtig dir ein eigenes Kind ist.«

»Nein, das ist es nicht, Silke. Lass dich einfach überraschen.«

Ich komme erst nach Hause, als es schon dunkel ist. Die Kinder schlafen fest und Ella schlummert in unserem Bett. Nur noch ankuscheln und »Entschuldigung« hauchen. Morgen habe ich frei. Dann sollte genügend Zeit sein, ausführlich miteinander zu quatschen.

Gundi hat Stehtische und weiße Hussen besorgt. Schon um acht Uhr morgens stehe ich vor ihrem Haus und lade alles in unseren neuen Van. Die Kisten mit Wein und Sekt stelle ich auf die

Rückbank, die Kartons mit Leihgeschirr, Gläsern und Besteck nimmt Gundi in ihrem Wagen mit. Schnell alles in der Garage verstauen. Prima. Ella und die Kinder schlafen noch und haben von unserer Aktion nichts mitbekommen. Weil Karfreitag ist, fällt die Reha aus und wir verbringen einen gemütlichen Tag mit der Familie zu Hause. Die Kinder schauen sich den Film »Ein Hund namens Beethoven« an und die Frage nach ihrem Vierbeiner lässt nicht lange auf sich warten.

»Keinen Bernhardiner«, sagt Ella und ich werfe ein, dass ich keinen kleinen Mode-Hund haben möchte.

»Warum denn das nicht?«

»Weil die so entsetzlich garstig kläffen.«

Es fallen Vorschläge zu allen erdenklichen Rassen. Laura meint, wir sollten uns einen Hund aus dem Tierheim holen. Ella findet, dass es für diese Idee noch eindeutig zu früh ist. Schließlich würde die Arbeit mit einem Hund allein an ihr hängen bleiben und für diese Aufgabe fühlt sie sich einfach noch nicht fit genug. Auch die Einwände der Kinder, dass sie die Spaziergänge übernehmen werden, lässt Ella nicht gelten. Sie spricht ein Machtwort.

»Frühestens in vier Wochen. Erst kümmern wir uns um die Schule!«

Wenn meine Überraschung nicht kurz vorher platzen soll, muss ich Ella und die Kinder heute irgendwie aus dem Haus schaffen.

»Mitkommen!«, befehle ich und fahre mit ihnen in Richtung Potsdam. »Nein, wir schauen uns keine Häuser an, sondern besuchen einen Hundezüchter. Er hat vier Wochen alte Welpen, die wir uns heute ansehen dürfen.« Die Kinder kreischen vor Freude und Ella grinst.

»Einen Berner Sennenhund? Das ist doch auch ein halbes Kalb, oder?« Ich widerspreche und nenne Ella die wesentlichen Merkmale und Charakterzüge dieser Rasse.

»Langhaariger, übermittelgroßer, kräftiger und beweglicher Gebrauchshund mit stämmigen Gliedmaßen; harmonisch und ausgewogen. Er gilt als aufmerksam, wachsam und furchtlos in Alltagssituationen; gutmütig und anhänglich im Umgang mit vertrauten Personen, selbstsicher und friedlich gegenüber Fremden. Ihm wird ein mittleres Temperament bei guter Führigkeit nachgesagt.«

»Sprichst du von dir oder dem Hund?«, gackert Ella. Sie meint, diese Beschreibung würde haargenau auf mich zutreffen.

»Dann wird unser heutiges Votum hoffentlich

einstimmig ausfallen. Alles andere würde ich persönlich nehmen.«

Beim Anblick der knuddeligen Hundebabys ist meine Familie ganz aus dem Häuschen. Die Frage, ob wir einen Hund aus diesem Wurf anschaffen, stellt sich nicht mehr. Ob Weibchen oder Rüde wird gerade kontrovers diskutiert.

»Kommen Sie in der nächsten Woche wieder. Dann sind die Welpen alle geimpft und bekommen ihre Papiere. Es handelt sich um einen C-Wurf. Überlegen Sie, welchen Namen Sie vergeben wollen.«

Mit dieser Aufgabe verabschiedet uns der Züchter und wir machen uns auf den Heimweg. Es fallen Namen wie Carlo, Chaster, Caruso und Chopin. Es wird wohl doch ein Rüde.

Warum Gundi im Haus ist, fragt Ella, als sie ihren Wagen in der Auffahrt sieht.

»Sie hilft uns bei den Vorbereitungen.«

Im Haus staunen meine Lieben nicht schlecht. Gundi hat blumengeschmückte Stehtische im Erdgeschoss verteilt und in der Küche eine lange Tafel aufgebaut, auf der Geschirr, Gläser und (noch) leere Warmhaltebehälter stehen.

»Für unseren Osterbrunch. Du brauchst dich um nichts zu kümmern. Ich habe alles bei einem Party-Service bestellt. Das Essen wird gegen halb elf geliefert.«

»Dieser ganze Aufwand nur für Dr. Griesbach nebst Gattin? Du spinnst, Mats.«

Selbstverständlich mache ich mich nett zurecht. Was denkt Mats denn nur von mir? Dass ich seinen Chef im Jogging-Anzug empfange? Um viertel nach zehn klingelt es. Bitte? Wollte Griesbach nicht erst um elf kommen? Ich stehe noch im Bad und schminke mich. Als sich kurz darauf die Tür öffnet, glaube ich meinen Augen nicht zu trauen. Tanja und meine Mutter stehen vor mir und grinsen über das ganze Gesicht.

»Mats hat tatsächlich bis heute dicht gehalten? Du hast wirklich nichts gewusst von unserem Besuch?«

Na, da können sie aber sicher sein. Ständig höre ich Wagentüren schlagen und es klingelt am laufenden Band. Was geht hier ab? Als ich ins Erdgeschoss trete, treffe ich auf meinen Vater, auf Roman, meine beiden ehemaligen Arbeitskollegen aus dem Hamburger Architekturbüro, auf Gundi mit ihrer Tochter und vielen Fremden, die mir von Mats als engste Mitarbeiter vorgestellt werden. Die beiden Leute in der Ecke könnten unsere Nachbarn sein. Von weitem habe ich sie schon öfter gesehen, aber noch nie mit ihnen gesprochen. Das Haus ist voll. Ich lasse mir ein Glas Sekt reichen und nicke unseren Überraschungsgästen freundlich zu. Silke ist auch da! Sie fragt mich, ob es auch etwas zu essen gibt. Wieder klingelt es und Gundi meint, dass wären wohl endlich die Leute vom Catering. Laura rennt zur Tür und ich rufe ihr laut hinterher, dass sie ihnen den Weg durch den Flur zeigen soll.

»Das Essen soll direkt in die Küche gebracht werden«.

Durch das Wohnzimmer gehe ich in die Küche und schaue auf einen kräftigen Männerrücken, der eine Kiste auf die Tafel stellt.

»Sie sind verdammt spät! Mein Mann hat das Essen für 10.30 Uhr bestellt. Jetzt ist es nach elf und unsere Gäste sind hungrig! Also bitte ein wenig Beeilung!«, schimpfe ich.

Oh nein, nicht schon wieder! Der graumelierte Herr, der sich umdreht und mir seine Hand entgegenstreckt, ist nicht vom Partyservice, sondern Dr. Griesbach. Geht es etwa noch peinlicher?

»Tut mir leid, Frau Berger. Es stimmt, ich bin spät. Statt Blumen habe ich Ihnen sechs Flaschen vom besten Rotwein mitgebracht.«

»Herr Dr. Griesbach. Nein, mir tut es leid. Ich

habe Sie verwechselt. Bitte entschuldigen Sie. Wo ist denn Ihre Frau?«

»Die verteilt gerade die Speisekarten unter Ihren Besuchern. Eigentlich wollte ich das ja machen, aber wie es aussieht, haben Sie mich heute zum Küchendienst eingeteilt.«

»Mats hat geplappert, oder?«

»Ja, er hat es mir erzählt und ich habe mich köstlich amüsiert.«

»Schön, dass Sie es mit Humor nehmen. Auch ein Glas Sekt?«

Ich möchte im Erdboden versinken und spüre, wie mir vor Scham die Röte ins Gesicht kriecht. Mein gezielter Tritt ins Fettnäpfchen trägt zur allgemeinen Belustigung bei und überbrückt die lange Wartezeit, bis das Buffet endlich bereit steht. Auf sechs Metern türmen sich fantasievolle Gerichte und köstliche Snacks. Warme und kalte Leckereien und ein perfekter Service sollen unseren Brunch zu einem kulinarischen Erlebnis machen. Mats klopft vorsichtig mit einem Löffel an sein Glas und bittet um Aufmerksamkeit. Ich denke, dass er wohl jetzt die von allen Anwesenden so sehr erhofften Worte spricht: Das Buffet ist eröffnet. Er aber beginnt mit den Worten: »Liebe Gäste!«

Was hat er denn nun vor? Will er etwa eine Rede halten? Noch einmal bittet er um Aufmerksamkeit und als auch die letzten Stimmen verstummen, stellt er sich direkt vor mir auf.

»Ella, mein Liebling. Heute ist ein besonderer Tag. Familie, Freunde, alte und neue Bekannte sind zu uns gekommen, und alle können sehen, wie schön wir es hier haben. Dass es dir wieder gut geht und wir endlich das Leben führen können, wovon wir beide immer geträumt haben. Wir beide haben uns lieb und wir verstehen uns prächtig. Also denke ich, dass die Zeit gekommen ist, dich zu fragen, ob wir beide es nicht endlich amtlich machen wollen. Deinen Papa habe ich schon gefragt und er hat nichts dagegen.«

»Du hättest mich um Erlaubnis fragen sollen!«, wirft meine Mutter laut lachend ein. Was wird das jetzt? Er wird mir doch wohl nicht vor allen Leuten einen Heiratsantrag machen?

»Nein, ich frage lieber Ella direkt!«

Wenn er jetzt noch auf die Knie geht, dann drehe ich durch. Er bleibt stehen und stellt mir die Frage aller Fragen. Ich bekomme keinen Ton heraus und nicke nur. Danach werde ich in den Arm genommen und mein Herz pocht so laut, dass es auf der gegenüberliegenden Straße zu hören ist.

»Wir haben nichts gehört!«, brüllt jemand aus der hinteren Reihe.

»Ich habe Ja gesagt und ... Das Buffet ist eröffnet.«

»Gratuliere.«

»Oh wie schön!«

»Alles Gute.«

»Sehr gute Wahl, Ella!«

»Wir freuen uns so für euch.«

»Wann soll die Hochzeit denn stattfinden?«

Vermutlich gar nicht, wenn ich Mats sage, dass er gerade einer sterilen Frau einen Antrag gemacht hat. Aber wie hätte ich anders reagieren können? Sollte ich ihm vor versammelter Mannschaft ein Nein an den Kopf werfen? Ihm sagen, dass wir erst ganz in Ruhe ein ernstes Gespräch führen müssen und er seine Entscheidung danach noch einmal überdenken soll?

»Herzlichen Glückwunsch, Ella. Mats wird es besser machen als ich.«

»Roman? Hast du Zigaretten dabei? Ich muss dringend raus und eine rauchen.«

Wir stehen auf der Terrasse und ich zünde mir eine Zigarette an.

»Ehrlich, Ella. Ich freue mich für dich. Meine Wünsche sind ehrlich gemeint.«

»Spar dir die guten Wünsche. Es wird zu keiner Hochzeit kommen.«

»Wie bitte?«

»Wenn ich Mats die Wahrheit sage, dann wird er seinen Antrag zurücknehmen.«

»Warum hast du dann erst ja gesagt?«

»Hatte ich eine Wahl? Hätte ich ihn hier etwa vor seinem Chef und seinen Kollegen brüskieren sollen?«

»Ich denke ihr liebt euch so.«

Gerade weil ich ihn so liebe, werde ich ihm nicht im Weg stehen. Niemals werde ich ihm seinen Lebenstraum vom eigenen Kind erfüllen können. Der Berliner Frauenarzt hat es mir auch noch einmal bestätigt. Aussichtslos nannte er meinen Kinderwunsch.

»Ich hätte nach meiner Entlassung gar nicht erst herkommen dürfen. Ich weiß es doch schon viel länger. Das war nicht aufrichtig von mir und ich werde es Mats heute noch sagen. Die Wahrheit ist überfällig.«

»Wann kommt ihr zurück nach Hamburg?«

»Rechne schon ganz bald mit uns.«

»Ach Ella!«

Mats - Nicht bald, jetzt sofort

Wo steckt sie nur? Nein, das glaube ich jetzt nicht. Sie steht mit Roman draußen! Ich mache ihr einen Heiratsantrag und sie geht schnurstracks mit ihrem Ex-Mann vor die Tür? Vermutlich tröstet sie ihn wieder und er plärrt sie an, dass sie es sich doch noch einmal überlegen soll. Deine Zeit ist abgelaufen, mein Lieber. Wenn ich nicht so ein gutmütiger Mensch wäre, hätte ich dich gar nicht eingeladen. Worüber sprechen die beiden nur? Ein richtig glückliches Gesicht macht Ella nicht. Es ist zwar nicht die feine, englische Art, aber ich gehe ins Gäste-WC und belausche das Gespräch der beiden bei geöffnetem Fenster.

»Es wird zu keiner Hochzeit kommen.«

»Wie bitte?«

»Wenn ich Mats die Wahrheit sage, dann wird er seinen Antrag zurücknehmen.«

»Warum hast du dann erst ja gesagt?«

»Hatte ich eine Wahl? Hätte ich ihn hier etwa vor seinem Chef und seinen Kollegen brüskieren sollen?«

Mir bleibt gerade die Luft weg. Das kann unmöglich ihr Ernst sein? Und von welcher Wahrheit spricht sie?

»Ich hätte nach meiner Entlassung gar nicht erst herkommen dürfen. Ich weiß es doch schon viel länger. Das war nicht aufrichtig von mir und ich werde es Mats heute noch sagen. Die Wahrheit ist überfällig.«

»Wann kommt ihr zurück nach Hamburg?«

»Rechne schon ganz bald mit uns«

Was weiß sie schon so viel länger? Dass sie ihn und nicht mich liebt? Seit wann weiß sie es? Wenn ich sie richtig verstanden habe, schon in der Zeit, als sie noch im Krankenhaus war. Jetzt wird mir einiges klar! Sie hatte nie vor, hier mit mir zu leben. Das Haus in Berlin diente nur dazu, ihre Kinder vor Ivonne in Sicherheit zu bringen. Jetzt, wo sie keine Gefahr mehr darstellt, kann sie beruhigt wieder in die Arme von Roman zurück. Ich bin ein solcher Idiot. Ein richtiger Volltrottel.

Wann machen die Gäste endlich Anstalten wieder zu gehen? Es handelt sich schließlich um eine Einladung zum Brunch und nicht um das Reinfeiern in einen runden Geburtstag. Es ist ausgerechnet

Roman, der sich als erster verabschieden will.

»Nix da, mein Lieber, du bleibst!«

Meinen Chef halte ich nicht auf. Sobald er an seinem Wagen ist, fordere ich die Servicemitarbeiter auf, das Buffet abzuräumen.

»Ja, wir machen jetzt Schluss«, sage ich überlaut.

»Viele unserer Gäste sind bis aus Hamburg gekommen und wollen sich jetzt sicherlich auf den Heimweg machen!«

Das war wohl deutlich genug, denn Tanja, Ellas Eltern und Kollegen rauschen sofort ab.

»Vielen Dank für euren Besuch«, sage ich zu meinen Leuten und begleite sie auffordernd zur Tür.

»Mats? Was soll das? Du kannst doch unsere Gäste nicht so unfreundlich rausschmeißen!«

»Doch, Ella. Das kann ich! Kinder? Bitte nehmt eure Jacken und geht mit eurem Vater zu seinem Wagen. Wartet noch kurz, denn eure Mutter kommt gleich nach!«

»Mats, was soll das?«

»Ich mache es kurz! Kurz und schmerzlos! Erspare dir deine Erklärung! Ich weiß bereits Bescheid. Du wirst nicht bald, sondern jetzt sofort mit nach Hamburg fahren.«

»Mats, ich verstehe dich nicht! Was ist bloß in dich gefahren?«

»Ich habe sehr gut verstanden. Dein Gespräch mit Roman auf der Terrasse war aufschlussreich genug.«

»Bitte lass es mich erklären.«

»Raus hier! Ich ertrage dich nicht einen Moment länger!«

Im Fernsehen läuft eine Übertragung der Gedächtnisfeier zur Auferstehung Jesu Christi. Den Chorgesang nehme ich gar nicht richtig war. Vermutlich habe ich noch reichlich Promille im Blut, denn sonst würde ich ein anderes Programm wählen. Ich reagiere auch nicht, als es an der Haustür klingelt. Erst als Gundi Kleinschmidt vor mir steht und fragt, was denn los ist, schaue ich das erste Mal auf.

»Wie sind Sie hier ...«

»Mit meinem Schlüssel. Wo ist Ella und wo sind die Kinder? Wie sieht es hier denn aus? Sie sind ja sturzbetrunken, Herr Breyer! Ich werde jetzt aufräumen und Sie gehen ins Bett und schlafen Ihren Rausch aus!«

Ella - Zurück in Mamas Schoß

»Und nun?« Meine Mutter versteht die Welt nicht mehr. Warum ich nicht vorher mit Mats gesprochen habe, will sie wissen. Weil ich zu feige war und genau mit dieser Reaktion gerechnet habe. Wenn auch nicht so drastisch. Mein Vater meint, er soll sich eine andere Gebärmaschine suchen und ich sollte wieder zurück zu Roman gehen. Mit meinem Chef sprechen, ob ich meinen Job zurückbekommen kann und mich um meine Kinder kümmern. Er findet, zwei gesunde Kinder in der heutigen Zeit großzuziehen, wäre Herausforderung genug.

»Ach Papa, du bist keine große Hilfe!«

»Ich hab doch recht.«

»Ich liebe Roman nicht mehr!«

»Na und? Er wohnt wenigstens in Hamburg. Hals über Kopf nach Berlin zu gehen, war ja wohl sehr egoistisch von dir. Hast du mal an Roman und die Kinder gedacht, oder vielleicht mal an uns? Wir sind die Großeltern und ich will nicht zweimal

290 km fahren, nur um einmal kurz meine Enkel zu sehen!«

Na super, die Vorwürfe meines Vaters kann ich gerade noch gebrauchen. Ich habe die ganze Nacht geflennt und bin am Boden zerstört. Noch zwei Stunden, dann holt Tanja mich ab. Keinen Tag länger halte ich es bei meinen Eltern aus.

»Wie haben wir bloß unsere Kindheit bei Papa und Mama heil überstehen können?«, frage ich meine Schwester, als sie mich endlich erlöst.

»Wie kommst du denn auf die Idee, dass wir keinen Schaden davongetragen haben?«, lacht sie und macht ständig unkontrollierte Zuck-Bewegungen.

»Hast du was von Mats gehört?«

Nein, habe ich nicht. Tanja bietet mir an, solange bei ihr wohnen zu dürfen, bis ich wieder einen Job und eine eigene Wohnung gefunden habe. Für die Suche will sie mir ihren Wagen leihen.

»Lieber ein paar Klamotten von dir, bitte. Auf die Schnelle habe ich nur meinen kleinen Koffer packen können.

Ich nutze den nächsten Vormittag und telefoniere mit Finns Klassenlehrerin. Sie zeigt Verständnis für unsere Situation und empfiehlt mir, seine Hausaufgaben strenger zu überwachen. Sollte er am Förderunterricht teilnehmen, könnte er bis zur Zeugniskonferenz noch so einiges ausbügeln. Ich halte das Ganze für Panikmache. Schließlich ist mein Sohn Erstklässler und so groß kann der Abstand zu seinen Mitschülern doch eigentlich nicht sein; doch ich stimme ihr freundlich zu und rufe als nächstes meinen alten Arbeitgeber an. Mein ehemaliger Chef ist untröstlich. Natürlich hat er längst Ersatz für mich gefunden und sieht keine Möglichkeit der Wiedereinstellung. Vermutlich ist er heilfroh, dass er mich los ist. Meine Nachfolgerin ist gute zehn Jahre jünger als ich und kinderlos. Noch! Mit dem Bus fahre ich zu Roman und koche den Kindern ein Mittagessen. Nach den Hausaufgaben kommen ihre Freunde zu uns zum Spielen. Ich kann noch nicht Auto fahren. Einen Wagen mit Schaltgetriebe zu lenken traue ich mir vorerst nicht zu. Genau aus diesem Grund gestaltet sich die Wohnungssuche als Tortur. Bis ich mit Bus und Bahn am Objekt eingetroffen bin, ist die Wohnung bereits vermietet.

Es ist Woche drei in Hamburg, als ich Roman bitte, mir einen Wagen mit Automatik zu mieten.

»Ich weiß, das kostet, aber ich will meine Reha wieder aufnehmen, und bei Tanja zu wohnen ist auch keine Dauerlösung. Ich muss endlich wieder mobil sein!« Roman verspricht, sich zu kümmern.

Er hat mir einen Opel Astra gemietet. Von Freitagmittag bis Montag früh zum günstigen Wochenendtarif.

»Danke, überaus großzügig«, sage ich schnippisch und setze den Topf mit Suppe auf, den ich für die Kinder gekocht habe. Ob er zu Tanjas Geburtstag kommen will, soll ich ihn von meiner Schwester fragen.

»Nee, ich bleibe bei den Kindern. Lasst ihr Mädchen es mal ordentlich krachen.«

»Was ist denn das für eine Jacke?«

»Welche?«

»Na, die Jacke, die hier über dem Stuhl hängt? Die gehört doch Mats! War er etwa hier? Wann?«

Nun mach schon den Mund auf, Roman Berger und lass dir nicht alles aus der Nase ziehen.

»Gestern Abend. Er hat dir deine Sachen gebracht.«

»Ach so. Und wo sind meine Sachen?«

»In der Garage.«

»Und? Hat er noch was gesagt?«

»Nö!«

Roman - Ein Gespräch unter Männern

Ella hat recht. Das ist Mats Jacke. Er hat sie hier vergessen, nachdem wir bis spät in die Nacht gequatscht haben.

»Du bist gekommen, um Ellas Sachen zu bringen? Dann bist du hier falsch. Sie wohnt bei Tanja.«

»Warum denn das?«

»Ihre Schwester ist eine bessere Seelentrösterin als ich.«

»Warum braucht Ella Trost? Sie hat doch jetzt alles, was sie wollte.«

»Wie hast du es nur angestellt, einen Posten in der Geschäftsführung zu bekommen? So blöd, wie du bist!«

»Rede dich nicht wieder raus, du feiger Hund. Ich habe euer Gespräch genau mit angehört und weiß Bescheid.«

»Was weißt du?«

»Dass Ella nie vorhatte, in Berlin Wurzeln zu schlagen. Sie ist nur gekommen, um sich und die Kinder vor Ivonne in Sicherheit zu bringen.«

»Du bist ja noch blöder als ich dachte! Ella liebt dich!«

»Deshalb wollte sie meinen Antrag auch lieber ablehnen! Nur wegen der anwesenden Gäste hat sie mit Ja geantwortet. Sie wollte zurück nach Hamburg. Ich hab es doch mit eigenen Ohren gehört!«

»Sie wollte dir den wahren Grund nennen, aber du hast sie ohne ein Wort von ihr einfach vor die Tür gesetzt!«

»Was ist der wahre Grund? Nun sag schon! Schlimm genug, dass du ihn kennst und ich nicht!«

»Ella ist unfruchtbar. Nach dem Unfall und der OP bekommt sie keinen Eisprung mehr. Sie wird nicht wieder schwanger werden und dir deinen Kinderwunsch nicht erfüllen können. Das ist die ganze Wahrheit, du Depp.«

»Ich hatte nicht die leiseste Ahnung!«

»Das spricht für dich!«

»Warum hat sie nicht mit mir gesprochen?«

»Ich denke, aus Angst dich zu verlieren.«

»Das ergibt doch keinen Sinn. Weshalb hat sie zu dir gesagt, dass sie nach Hamburg zurückkommen wird?«

»Ella liebt selbstlos. Sie wollte dir und deinem

Kinderwunsch nicht im Weg stehen.«

»Ach, Ella …«

»Ach, Mats! Wie konntest du sie auch so unter Druck setzen?«

»Wie?«

»Was meinst du wie deine Aktionen bei ihr angekommen sind? Dein drittes Kinderzimmer. Der neue 7-Sitzer mit ausreichend Platz für einen Kinderwagen. Aber was geht es mich an.«

»Meine Güte, du hast recht! Ich habe einen ganz schön fetten Bock geschossen. Das wird sie mir nie verzeihen.«

»Willst du das denn, nachdem du den wahren Grund kennst?«

»Mensch, Roman! Ich liebe Ella. Dass sie wieder gesund geworden ist, ist das allergrößte Glück. Ich würde alles tun, damit sie wieder zurückkommt.«

»Alles? Dann empfehle ich dir, ein Zeichen zu setzen. Und zwar zügig. Sie ist bereits auf Wohnungssuche.«

»Was für ein Zeichen?«

»Na, du bist doch in der komfortablen Situation, dass dein Haus hier noch nicht verkauft wurde. Also, was spricht dagegen, wieder nach Hamburg zu kommen? Wenn es stimmt, was dein Chef erzählt hat, dann bist du ein Ass in deinem Job. Sicherlich wird er zustimmen, dass du die Geschäfte auch von hier aus führen kannst. Und wenn nicht, gibt es ja noch andere Pharmaunternehmen.«

»Du bist ein Schlitzohr, Roman Berger! Jetzt geht es doch gar nicht mehr um Ella, sondern um deinen Vorteil.«

»Ich sage nur, du solltest ein Zeichen setzen. Der Samstagabend würde sich anbieten. Da feiert Tanja ihren Geburtstag.«

Ella - Happy Birthday

Ich stehe in der Küche und schneide das sechste oder siebte Baguette für Tanjas Gäste auf. Sorge für frische Eiswürfel und wasche zwischendurch das Geschirr ab. Mir steht nicht der Sinn nach feiern. Mein Glas Wein ist schon schal und warm und ich gieße den Inhalt in den Ausguss des Spülbeckens. Ich bin in Gedanken versunken und habe gar nicht bemerkt, dass jemand in die Küche gekommen ist und dicht hinter mir steht.

»Sie sind also Tanjas Schwester?«

Beim Klang seiner Stimme fährt mir ein gewaltiger Blitz durch den Bauch. Ohne mich umzudrehen, sage ich leise: »Hallo Mats. Geht es dir gut?«

»Überhaupt nicht! Ella, Liebling, bitte höre mir zu. Ich war total auf dem Holzweg und habe dir mit meinem unmöglichen Benehmen sehr wehgetan. Als ich euch belauschte, habe ich nur einen Teil eures Gespräches mitgehört und völlig falsche Schlüsse gezogen. Ich dachte wirklich, du wolltest zu Roman zurück.«

»Ja, ganz bestimmt!«

»Bitte schau mich doch an.«

»Der Grund ist ein ganz anderer. Ich hätte es dir gleich sagen müssen. Wir haben uns immer schonungslose Offenheit geschworen. Aber in diesem Fall war ich nicht aufrichtig und ehrlich zu dir. Die Wahrheit ist ...«

»Ich kenne die Wahrheit und sie ändert nichts daran, dass wir zusammengehören.«

»Du würdest auf eigene Kinder verzichten?«

»Das kann ich, aber auf dich zu verzichten ist schlichtweg unmöglich!«

»Wie kannst du dir da so sicher sein?«

»Ich weiß es einfach. Ein Leben mit dir, Finn und Laura reicht mir vollkommen.«

»Das sagst du jetzt! Aber was ist in zwei, drei Jahren? Vielleicht lernst du auch eine jüngere Frau kennen, die mit dir eine Familie gründen will und es auch kann. Noch einmal stehe ich das nicht durch!«

»Du meinst tatsächlich, wir beide sollten lieber allein und unglücklich sein, nur weil es keine Garantie gibt? Ich weiß nicht, was in der Zukunft passiert. Vielleicht bist du es auch, die mich verlassen wird. Wir sind keine Hellseher. Ich weiß nur eins: Wir lieben uns und wir sollten unsere gemeinsame Zukunft planen! Es aus Angst nicht zu wagen, wäre töricht.«

»Und nun?«

»Nun lass uns hier verschwinden. Ich möchte dir gern etwas zeigen.«

»Wohin bringst du mich?«

»Vertraust du mir?«

»Hab ich eine Wahl?«

Auf dem Weg zum Wagen legt er seinen Arm um mich und sagt, dass er mir jemanden vorstellen möchte. Die Heckklappe öffnet sich automatisch auf Knopfdruck und die Innenbeleuchtung stellt sich an. Mein Blick fällt auf einen kleinen Weidenkorb. In eine karierte Wolldecke eingekuschelt liegt ein kleines Hundebaby und schläft. Ein schwarz-weißer Berner Sennenhund-Welpe.

»Darf ich vorstellen? Das ist Casanova.«

Mats hält vor Romans Haus. Laura und Finn schauen aus dem Küchenfenster und winken uns aufgeregt zu. Wir brauchen nicht klingeln, denn die Tür ist nur angelehnt. Roman kriecht auf allen Vieren auf dem Boden und schruppt mit Schwamm und Seifenlauge seine Teppichläufer. Ich rümpfe schon beim Eintreten die Nase.

»Euer Köter hat bereits auf alle meine Brücken

gekackt. Den Gestank kriege ich nie wieder raus! Nun seht zu, dass ihr endlich einen Abflug macht und vergesst nicht, die Kinder mitzunehmen. Ich habe eine Einladung zu einer Party und will langsam los!«

»Braver Hund. Gut gemacht, Casanova«, lobt Mats unseren Familienzuwachs.

»Los Kinder, es geht ab nach Hause.«

Anmerkungen?

Dann schreiben Sie an
frieda.lamberti@aol.com
oder besuchen Sie mich auf Facebook
https://www.facebook.com/frieda.lamberti

Humorige Liebesromane als E-Book, Hörbuch oder Printausgabe von Frieda Lamberti

Liebe ist … wie Radfahren
Ledig … geschieden … verwitwet
Apfelkomplott

Die Autorin

Frieda Lamberti, gebürtige Hamburgerin, ist Langzeitehefrau, Mutter, Oma von vier Enkelkindern und lebt mit ihrem Mann in der Lüneburger Heide. Sie zählt sich zu den spätberufenen Schreiberinnen. Erst im Alter von fünfzig Jahren veröffentlichte sie ihren Debütroman »Ausgeflittert«. Frieda liebt Geschichten, die das Leben schreibt. Ob Komödie, Melodrama oder Romanze, in ihren Frauen- und Familiengeschichten kommen Humor, Spannung und Tragik nie zu kurz.

ISBN: 978-3-946390-07-7
Preis: 9,95 €